China's Transportation Low-Carbon Transformation Development Strategy and Pathway Under the Target of
Emission Peak and Carbon Neutrality

碳达峰碳中和目标下
中国交通低碳转型发展战略与路径研究

中国交通低碳转型发展战略与路径研究课题组　编著

人民交通出版社股份有限公司
北　京

内 容 提 要

本书在全面分析交通运输低碳发展现状与趋势、总结借鉴典型发达国家经验与启示基础上，运用情景分析等方法，探讨不同情景下交通运输碳排放趋势、减排路径及其减排效果，系统提出了交通运输低碳发展战略思路、目标、重点、路径及举措，为科学制定中国交通低碳发展战略提供决策支撑。

本书可为政府部门、交通运输行业主管部门制定交通运输发展政策提供参考，也可供相关规划、设计、科研、咨询等单位参考使用。

图书在版编目(CIP)数据

碳达峰碳中和目标下中国交通低碳转型发展战略与路径研究/中国交通低碳转型发展战略与路径研究课题组编著. —北京:人民交通出版社股份有限公司, 2021.9

ISBN 978-7-114-17626-5

Ⅰ.①碳… Ⅱ.①中… Ⅲ.①交通运输业—低碳经济—经济发展战略—研究—中国 Ⅳ.①F512.3

中国版本图书馆 CIP 数据核字(2021)第 185303 号

Tandafeng Tanzhonghe Mubiao xia Zhongguo Jiaotong Ditan Zhuanxing Fazhan Zhanlüe yu Lujing Yanjiu

书　　名: 碳达峰碳中和目标下中国交通低碳转型发展战略与路径研究
著 作 者: 中国交通低碳转型发展战略与路径研究课题组
责任编辑: 姚　旭　杨丽改
责任校对: 赵媛媛
责任印制: 张　凯
出版发行: 人民交通出版社股份有限公司
地　　址: (100011) 北京市朝阳区安定门外外馆斜街 3 号
网　　址: http: //www. ccpcl. com. cn
销售电话: (010) 59757973
总 经 销: 人民交通出版社股份有限公司发行部
经　　销: 各地新华书店
印　　刷: 北京虎彩文化传播有限公司
开　　本: 720 × 1000　1/16
印　　张: 8. 75
字　　数: 130 千
版　　次: 2021 年 9 月　第 1 版
印　　次: 2021 年 9 月　第 1 次印刷
书　　号: ISBN 978-7-114-17626-5
定　　价: 86. 00 元

编 写 组

郭　杰　凤振华　王雪成　毕清华　张海颖
周亚林　陈健华　曹子龙　张　毅　王　双
陈书雪　张婧嫄　尚文豪　王婉佼　田　园
喻　洁　严义斌　刘　芳　于丹阳　费文鹏

前言 | PREFACE

交通运输是国民经济和社会发展的基础性、先导性、战略性产业和服务性行业。改革开放以来，我国交通运输发展取得了历史性巨大成就，实现了历史性跨越。交通运输快速发展的同时，高耗能、高排放等问题日益凸显，2018 年交通运输能源消耗与碳排放分别占全国总量的 10.7% 与 9.1%，并呈持续快速增长态势。据国际能源署（IEA，2017）预测，到 2040 年，交通运输部门将有可能成为中国碳排放不能达峰的唯一部门❶。

从国际层面看，2015 年 12 月 2 日，巴黎气候变化大会通过全球气候新协定，全球将尽快实现温室气体排放达峰，21 世纪下半叶实现温室气体零排放，把全球平均气温较工业化前水平升高控制在 2℃之内，并为把升温控制在 1.5℃之内而努力。中国向联合国气候变化框架公约秘书处提交的应对气候变化国家自主贡献文件《强化应对气候变化行动——中国国家自主贡献》，提出了碳排放 2030 年左右达到峰值并争取尽早达峰，单位国内生产总值碳排放比 2005 年下降 60% ~65%，非化石能源占一次能源消费比重达到 20% 左右的行动目标。

从国家层面上，党的十八大提出将生态文明建设纳入“五位一体”总体布局；党的十九大把“建设美丽中国”作为现代化目标之一，强调“建设生态文明是中华民族永续发展的千年大计”。2018 年全国生态环境保护大会确立了习近平生态文明思想。党中央、国务院印发的《交通强国建设

❶Energy Outlook 2017-China energy outlook，IEA，2017.

纲要》明确提出“构建安全、便捷、高效、绿色、经济的现代化综合交通体系”，并将“绿色发展节约集约、低碳环保”作为未来交通运输发展的战略重点。交通运输低碳发展是实现交通运输高质量发展和绿色转型的战略举措，是加快建设交通强国的重要目标和关键领域，是加强生态文明和美丽中国建设的有效支撑。

为了主动适应应对全球气候变化的新目标、建设生态文明和美丽中国的新形势、加快建设交通强国的新使命、推动交通运输高质量发展和绿色转型的新要求，迫切需要研究提出新时代我国交通部门低碳排放战略与途径。本书是由能源基金会资助、清华大学牵头组织开展的“中国低碳发展转型战略及路径”重大智库研究项目子课题10的研究成果，课题研究与图书编写具体由交通运输部科学研究院承担。课题自2018年正式启动以来，经过系统深入研究，历经建模分析、反复研讨、专家咨询、修改完善，形成本研究成果。本书在全面分析交通运输低碳发展现状与趋势、总结借鉴典型发达国家经验与启示基础上，运用情景分析等方法，探讨不同情景下交通运输碳排放趋势、减排路径及其减排效果，系统提出了交通运输低碳发展战略思路、目标、重点、路径及举措，为科学制定我国交通低碳发展战略提供决策支撑。

编著者

2021年6月

目录 | CONTENTS

第一章　交通运输低碳发展现状与形势/1

第一节　交通运输低碳发展成效 …… 3
第二节　交通运输能源消费与碳排放现状 …… 16
第三节　交通运输低碳发展面临的战略形势 …… 22

第二章　典型发达国家交通运输低碳发展特征与启示/29

第一节　典型发达国家交通运输需求发展特征 …… 31
第二节　典型发达国家交通运输碳排放特征与启示 …… 34

第三章　交通运输需求及碳排放情景分析/39

第一节　未来交通运输需求分析 …… 41
第二节　不同情景下交通运输碳排放结果分析 …… 58

第四章　交通运输低碳发展战略思路与目标/69

第一节　总体思路 …… 71
第二节　基本原则 …… 72

第三节　战略目标 …………………………………………………… 73

第五章　交通运输低碳发展战略路径与重点行动计划/79

第一节　战略框架 …………………………………………………… 81
第二节　战略途径 …………………………………………………… 83
第三节　行动计划 …………………………………………………… 115

第六章　交通运输低碳发展战略保障措施/121

第一节　强化战略协同 ……………………………………………… 123
第二节　加强组织领导 ……………………………………………… 124
第三节　培育低碳文化 ……………………………………………… 125
第四节　强化人才保障 ……………………………………………… 125
第五节　加强合作交流 ……………………………………………… 126

参考文献/128

第一章

交通运输低碳发展现状与形势

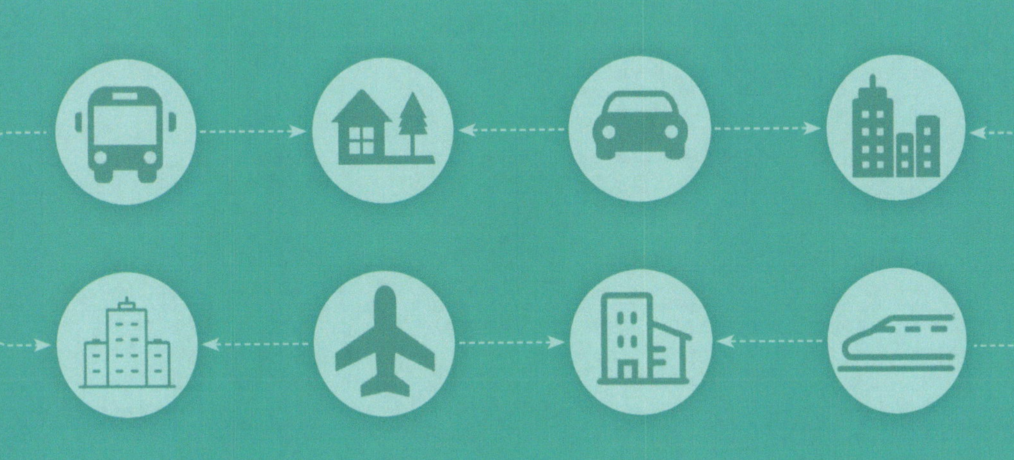

交通运输是国民经济和社会发展的基础性、先导性、战略性产业，是重要的服务性行业，同时也是应对气候变化、推动低碳发展的重要领域。改革开放以来，我国交通运输发展取得了历史性巨大成就，实现了历史性跨越，公路成网，铁路密布，高铁飞驰，巨轮远航，飞机翱翔。高速铁路、公路、桥梁、港口、机场等交通基础设施规模、客货运输量及周转量方面均已位居世界前列。交通运输在快速发展的同时，高度重视节能减排与应对气候变化工作，加快建设以低碳排放为特征的交通运输体系。特别是党的十九大以来，在习近平新时代中国特色社会主义思想指引下，交通运输行业坚持创新协调绿色开放共享发展理念，加快转变发展方式，积极调整交通运输结构，大力推进新能源和清洁能源应用，切实强化低碳科技创新与智慧交通发展，着力提升低碳交通治理能力，低碳交通运输体系建设取得了显著成效，为加快构建安全便捷高效绿色经济的现代化综合交通运输体系提供了有力支撑，为应对气候变化和加强生态文明建设作出了重要贡献。

第一节 交通运输低碳发展成效

一 交通基础设施的集约低碳化发展趋势明显

1. 交通基础设施发展取得巨大成就

改革开放以来，我国交通运输的落后面貌和对经济社会发展的瓶颈制约得到了根本改善，实现了历史性跨越。交通运输从改革开放之初的瓶颈制约到20世纪末的初步缓解，再到目前的基本适应的阶段性转变，为国民经济持续快速发展提供了强有力支撑。尤其是党的十八大以后，交通运输领域以推进供给侧结构性改革为主线，着力调整交通结构、转变发展方式，基本满足了在人口众多、基础薄弱、经济高速发展背景下的社会经济发展和人民群众不断增长的巨大交通需求。

2. 交通基础设施规模及运输能力世界领先

“五纵五横”综合运输大通道全面贯通，基本形成了由铁路、公路、水路、民航、管道五种运输方式构成的综合交通基础设施网络。截至2020年底，铁路营业里程达到14.6万km，位居世界第二，其中高速铁路营业里程3.8万km，位居世界第一。公路总里程519.8万km，位居世界第二，其中高速公路里程16.1万km，跃居世界首位；农村公路里程达到438.2万km。内河航道通航里程达12.8万km，港口拥有万吨级及以上泊位达2592个，均居世界第一。颁证民航运输机场达241个，通用机场300余个，全国陆上油气管道总里程达14.4万km。交通运输基础设施发展现状如图1-1及表1-1所示。

图1-1 2020年底我国交通基础设施主要规模

数据来源：《交通运输行业发展统计公报》《铁道统计公报》《民航行业发展统计公报》。

2005—2020年综合交通基础设施发展状况　　表1-1

类　别	2005年	2020年	变化幅度
铁路营业里程（万km）	7.5	14.6	增长94.7%
高速铁路营业里程（万km）	0	3.8	—
高速铁路营业里程占铁路营业里程比例	0	26.0%	提高26个百分点
公路总里程（万km）	193	519.8	增长169.3%
高速公路里程（万km）	4.1	16.1	增长292.7%
高速公路占公路总里程比例	2.1%	3.1%	提高1个百分点
内河航道通航里程（万km）	12.3	12.8	增长4.1%
内河三级以上航道里程（万km）	0.86	1.4	增长62.8%
内河三级以上航道里程占比	7.0%	10.9%	提高3.9个百分点
生产性码头泊位数量（个）	35242	22142	下降37.2%

续上表

类　别	2005 年	2020 年	变化幅度
万吨以上泊位数量（个）	1034	2592	增长 150.7%
万吨以上泊位数量占比	2.9%	11.7%	提高 8.8 个百分点
民航机场数量（个）	135	241	增长 78.5%
航线里程（万 km）	199	942.6	增长 373.7%
油气管道总里程（万 km）	4.3	14.4	增长 234.9%

数据来源：历年《中国统计年鉴》《交通运输行业发展统计公报》《铁道统计公报》《民航行业发展统计公报》。

3. 绿色投资为低碳交通发展注入新动能

2019 年我国交通固定资产投资额达 32451 亿元，其中绿色投资（铁路、水路）占比达 28.2%，同比提高 8.5 个百分点。我国分别于 2011 年和 2012 年设立了公路水路交通运输节能减排专项资金和民航节能减排专项资金，累计投入中央财政资金 63.4 亿元，通过中央和地方专项资金的共同引导，带动了行业数百亿资金投入。发布了《绿色信贷统计制度》，明确了绿色信贷支持的 12 类项目。2019 年绿色债券发行规模达 2318 亿元，其中约 11% 的募集资金投向清洁交通领域；绿色贷款余额 10.2 万亿元，其中 41.3% 投向了绿色交通项目，基本覆盖了铁路、港口、内河航道、航空机场等基础设施建设。

二　综合运输结构绿色低碳化水平稳步提升

全国货物周转量增长迅速，但铁路、水路占比持续下降。2005—2020 年，货运量和货物周转量分别增长 161% 和 255%，公路货运量和公路货物周转量占比分别从 2005 年的 71%、21%，上升至 2019 年的 72%、41%。同时，尽管铁路货物周转量绝对量在增加，但占比在持续下降，如图 1-2、图 1-3 所示。

全国城际客运量和旅客周转量均呈现快速增长态势，如图 1-4、图 1-5 所示。2005 年以来，城际公路客运量占比有所下降，公路旅客周转量及其占比呈先升后降的趋势，铁路客运量、旅客周转量稳步增长，民航客运量、旅客周转量及其占比呈较快增长趋势。

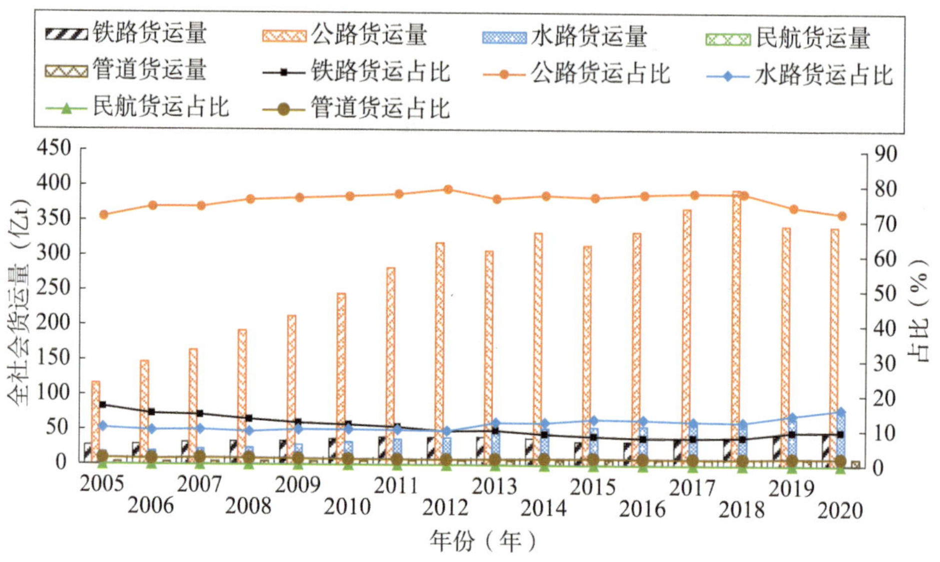

图 1-2　2005—2020 年全社会货物运输量及结构变化趋势

数据来源：《交通运输行业发展统计公报》《铁道统计公报》《民航行业发展统计公报》。

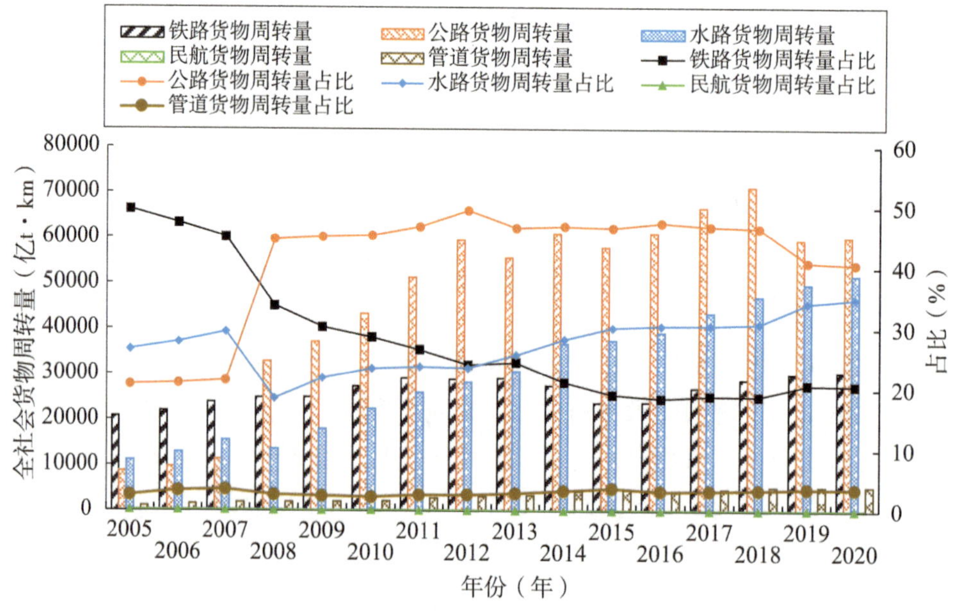

图 1-3　2005—2020 年全社会货物周转量变化趋势

数据来源：《交通运输行业发展统计公报》《铁道统计公报》《民航行业发展统计公报》。

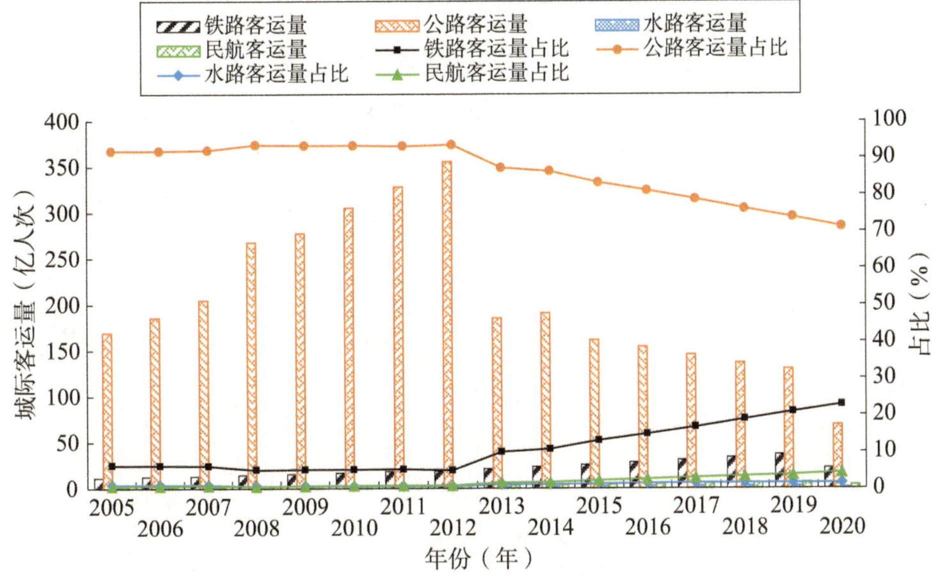

图 1-4　2005—2020 年城际客运量变化趋势

数据来源：《交通运输行业发展统计公报》《铁道统计公报》《民航行业发展统计公报》等。

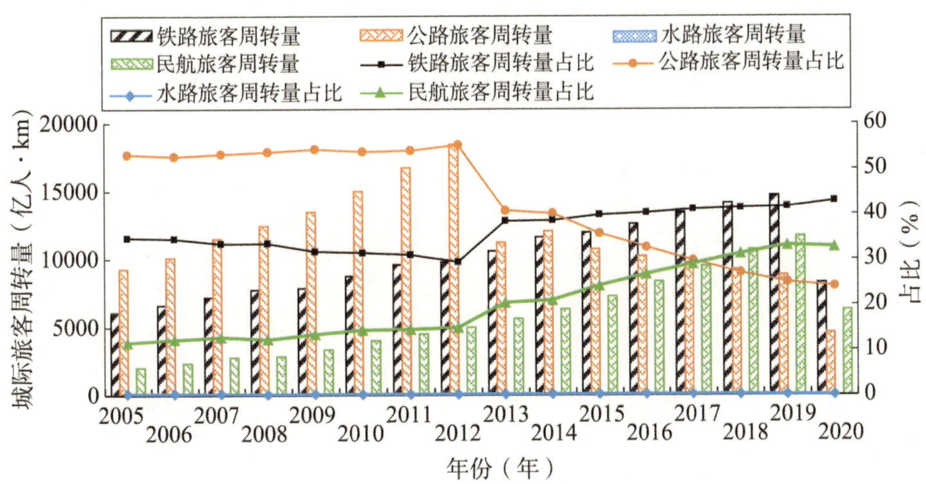

图 1-5　2005—2020 年城际旅客周转量变化趋势

数据来源：《交通运输行业发展统计公报》《铁道统计公报》《民航行业发展统计公报》等。

城市客运总量不断上升。其中，私人小汽车出行客运量增长最快，从 2005 年的 69 亿人次，增长到 2019 年的 736 亿人次，增长 10 倍（2020 年受新冠肺炎疫情影响，数据不具有代表性）。城市公共汽电车出行呈现出先增后降趋势，城市轨道交通出行呈现持续增长趋势，2019 年城市轨道交通客运量达到238 亿人次，比2005 年增长2. 8 倍。2005—2014 年，巡游出租汽车（以下简称“巡游车”）客运量稳步增长，2015 年后受网络预约出租汽车（以下简称“网约车”）的冲击，巡游车客运量及其占比呈现下降趋势，如图 1-6、图 1-7 所示。

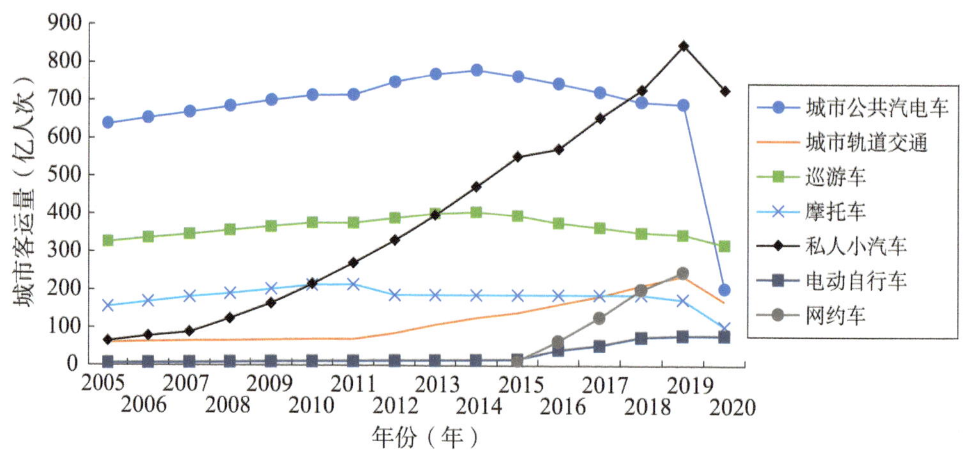

图 1-6　2005—2020 年城市客运量变化趋势（巡游车）

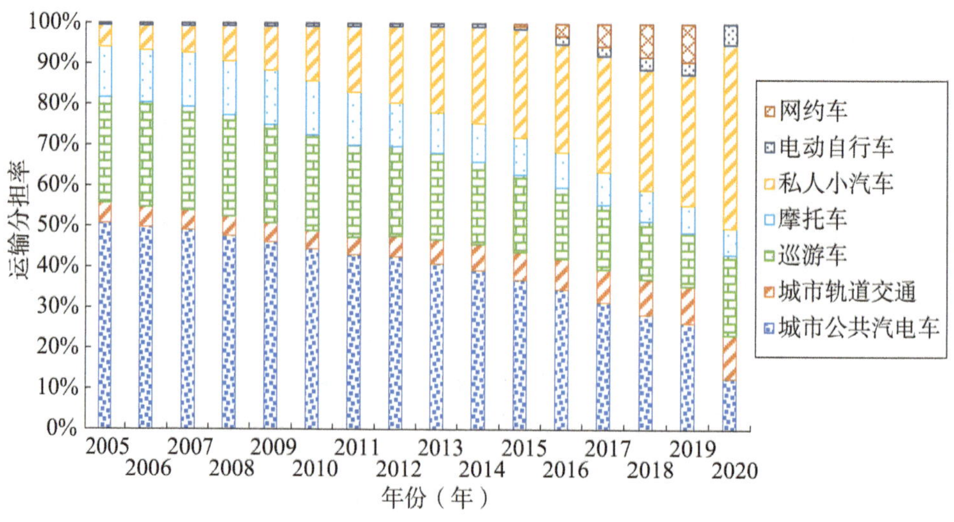

图 1-7　2005—2020 年城市客运中主要运输模式的分担率

三 交通运输装备技术水平和绿色化程度不断提高

1. 交通运输装备大型化、专业化和标准化水平明显提升

交通装备制造技术水平显著提升。目前我国已掌握了高速铁路成套技术，已进入350km/h高速铁路时代。铁路重载运输技术达到世界先进水平，大型油轮、集装箱货船建造水平大幅提高，大飞机研发取得显著成效。

2020年我国专用货车50.5万辆，较2005年增长106%，营运货车平均吨位14.2t/辆，较2005年增长238%。2020年大型专业客车31.2万辆，较2005年增长106%，平均载客位30.1客位/辆，较2005年增长108%；标准船型呈现大型化趋势，2020年平均净载重量2134载重吨/艘，较2005年增长2.8倍。

交通运输装备大型化、专业化和标准化水平变化情况如图1-8所示。

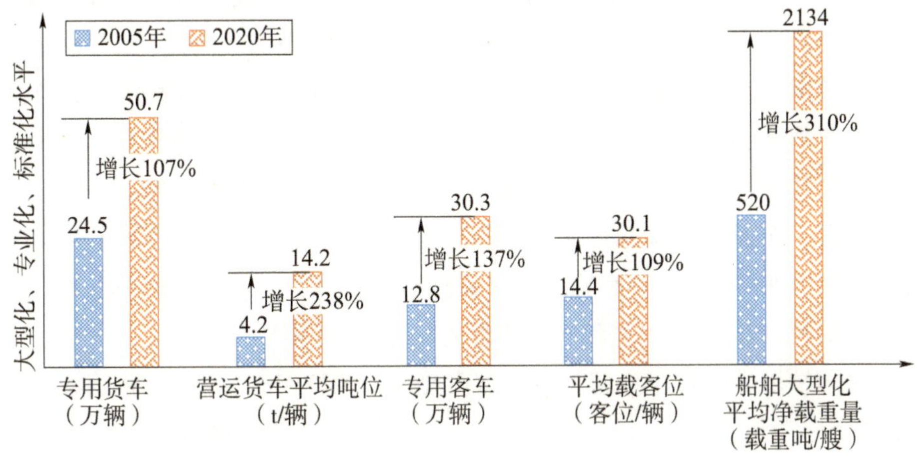

图1-8 交通运输装备大型化、专业化和标准化水平变化情况

2. 新能源与清洁能源应用比例逐步提升

铁路电力机车、电气化比例明显上升。截至2020年，全国铁路电力机车1.4万台，占比62.7%，较2005年提高2倍。铁路电气化比例达到74.9%，较2005年提高44.9个百分点。

新能源汽车增速迅猛。交通运输部积极推广应用新能源和清洁能源汽车，印发了《关于加快推进新能源汽车在交通运输行业推广应用的实施意见》等政策文件，支持新能源装备的推广和配套设施的建设，推动电动汽车普及应用。2020年全国新能源汽车保有量达492万辆，占汽车总量的

1.75%。相关配套基础设施发展较快，全国充电基础设施累计数量为168.1万台，高速公路服务区充电桩超过1万个。特别是在城市公共汽电车领域，新能源车辆推广应用尤为突出。2020年全国70.44万辆城市公共汽电车中，纯电动车辆占比超过53.8%；而同期柴油车和天然气车占比则分别下降至13.9%和18.2%。巡游车主要由汽油车、乙醇汽油车和双燃料车组成，其中，汽油车和乙醇汽油车比例逐年下降，而双燃料车的比例则不断提高。

加快淘汰老旧车辆成效显著。全国范围内已实施国家第五阶段机动车污染物排放标准（以下简称“国五”）。2013年9月，国务院印发的《大气污染防治行动计划》以及2014年、2016年、2017年《政府工作报告》分别明确了黄标车淘汰目标：“到2015年，淘汰2005年底前注册营运的黄标车，基本淘汰京津冀、长三角、珠三角等区域内的500万辆黄标车。到2017年，基本淘汰全国范围的黄标车。”为确保完成《政府工作报告》确定的黄标车及老旧车淘汰任务，环境保护部联合国家发展改革委、公安部、财政部、交通运输部、商务部等，先后印发了《2014年黄标车及老旧车淘汰工作实施方案》《关于全面推进黄标车淘汰工作的通知》等文件，要求从严执法监管、严格报废注销、强化政策引导、严格检验检测、加强报废监管，全面推进黄标车淘汰工作。2014—2017年，全国已累计淘汰黄标车及老旧车辆2064.2万辆，其中黄标车1154.7万辆，圆满完成《大气污染防治行动计划》和《政府工作报告》确定的淘汰任务。

水运领域新能源推广应用成效逐步显现。2017年，交通运输部印发了《港口岸电布局方案》，计划重点对493个既有大型专业化泊位进行岸电改造。截至2020年底，全国共建成岸电设施6000多套，覆盖泊位7500余个。此外，大力推进水运行业应用液化天然气（LNG），会同国家发展改革委等13部委联合发布了《加快推进天然气利用的意见》，大力推进LNG清洁燃料在水运行业的应用，截至2020年已建成LNG动力船舶290余艘。

3. 交通装备制造技术水平显著提升

我国交通运输行业技术位于国际交通科技发展前沿。目前我国已掌握了高速铁路成套技术，铁路重载运输技术达到世界先进水平，大型油轮、集装箱货船的建造水平大幅提高，大飞机的研发取得显著成果。随着高速列车技术的成熟，我国已进入350km/h高速铁路时代。按照国际民航规章自行研制具有自主知识产权的大型喷气式民用飞机——C919 大型客机试飞成功。

内燃机汽车整体技术水平明显提升，同时基本掌握了电动汽车的关键核心技术和整车产品的关键产业化技术，我国新能源汽车的核心竞争能力持续提升。

我国在造船完工量、新接订单量、手持订单量这全球造船三大指标上全面领先，位居世界第一位，而且能建造大型客滚船和超大型集装箱船（VLCS）等在内的各种高附加值船舶；建成了全球规模最大、自动化程度最高的码头，实现了集装箱装卸、水平运输、堆场装卸环节全过程的智能化；港口装备及系统的发展已突破传统模式，向绿色港口和智慧港口转型。交通科技创新平台建设硕果累累，建设运营了一批包括国家重点实验室、工程技术研究中心、国家工程实验室在内的国家创新能力平台，组建了一批国家产业技术创新联盟，形成了机制化的协同创新模式，夯实了我国交通科技可持续发展的基础。

四 交通运输低碳技术进步与管理工作成效显著

交通运输行业坚持依靠科技进步，大力加强低碳科技创新与推广应用，不断强化低碳监管与服务，着力提升交通运输综合效能，取得了显著成效。

1. 交通运输低碳发展政策制度和管理体系逐步完善

一是综合交通运输管理体制机制和绿色低碳管理体系日益健全。改革开放以来，我国进行了 8 次政府机构改革，为了建立统一、高效的交通运输系统，2008 年将建设部的指导城市客运职责划入交通运输部，由交通运输部管理中国民用航空局、国家邮政局，探索实行职能有机统一的大部门体制。2013 年又进一步将铁路发展规划和政策标准的行政职责划入交通运输部，并由交通运输部管理国家铁路局。通过两轮综合交通运输管理体制改革，形成了由交通运输部管理国家铁路局、中国民用航空局、国家邮政局的大部门管理体制架构。各级交通运输主管部门节能低碳管理机构及人员不断完善，地方绿色低碳交通规划及相关政策制度逐步健全。

二是低碳交通法律法规规章体系不断完善。强调用最严格制度、最严密法治保护生态环境，制定和修改了一系列法律法规，包括《中华人民共和国节约能源法》《中华人民共和国环境保护法》《中华人民共和国环境保护税法》《中华人民共和国循环经济促进法》《中华人民共和国大气污染防治法》《中华人民共和国铁路法》《中华人民共和国公路法》《中华人民共和国港口法》《中华人民共和国航道法》《中华人民共和国民航法》等法律,《中华人民共和国道路运输条例》《国内水路运输条例》《中华人民共和国国际海运条例》《公共机构节能条例》等行政法规,以及《公路、水路交通实施〈中华人民共和国节约能源法〉办法》《道路运输车辆燃料消耗量检测和监督管理办法》《港口和船舶岸电管理办法》等部门规章,交通运输低碳发展相关法律法规和配套规章制度体系基本形成。

三是低碳交通政策制度体系逐步完善。国务院和相关综合部门制定发布了《大气污染防治行动计划》《关于城市优先发展公共交通的指导意见》《关于加快新能源汽车推广应用的指导意见》等相关制度文件。交通运输部先后制定印发了《公路水路交通节能中长期规划纲要》《资源节约型环境友好型公路水路交通发展政策》《建设低碳交通运输体系指导意见》《加快绿色循环低碳交通运输发展指导意见》《公路水路交通运输节能减排“十二五”规划》《交通运输节能环保“十三五”发展规划》《推进交通运输生态文明建设实施方案》《关于全面深入推进绿色交通发展的意见》《关于全面加强生态环境保护坚决打好污染防治攻坚战的实施意见》等一系列政策文件。运输结构调整、多式联运发展、绿色出行、船舶靠港使用岸电、船舶排放控制区、柴油货车污染治理、绿色交通基础设施建设、新能源与清洁能源车船推广和城市绿色配送等各领域专项政策制度陆续发布实施,为全面推进交通运输低碳发展提供了制度保障。

四是绿色交通标准规范体系不断完善。交通运输部制定发布了《绿色交通标准体系(2016 年)》,从节能降碳、生态保护、污染防治、资源循环利用、监测、评定与监管等方面,纳入 221 项标准。修订《公路工程标准体系》,将绿色标准作为单独板块纳入标准体系。修订《公路环境保护设计规范》《公路建设项目环境影响评价规范》等相关绿色标准规范。开展《绿色水运工程标准体系》《绿色港口等级评价标准》《内河航道绿色生态建设技术导则》等制修订工作,发布了《港口设备能源消耗评价方法》《内河船舶能耗在线监测》《混合动力公共汽车配置要求》等标准,指导绿色港口和绿色航道建设。

2. 交通运输结构调整取得初步成效

一是切实强化组织实施。交通运输部会同相关部门印发了《交通运输部等九部门贯彻落实国务院办公厅〈推进运输结构调整三年行动计划（2018—2020年）〉的通知》，制定了京津冀及周边地区运输结构调整示范区建设实施方案。会同国家发展改革委等有关部门印发了《关于加快推进铁路专用线建设的指导意见》，着力解决铁路运输“最后一公里”问题。推进各省（自治区、直辖市）组织编制实施方案，全国31个省（自治区、直辖市）人民政府和新疆生产建设兵团，均制定印发了运输结构调整工作实施方案。北京、河北、山东等地建立了运输结构调整动态监测体系和联动工作机制。

二是加快推动货物运输“公转铁”。2020年，全国铁路货物发送量完成45.5亿t，同比增加11.9亿t；完成水路货运量76.2亿t，较2015年增长41%。天津等7个重点港口集装箱铁水联运量同比增长25.5%。明确了京津冀及周边地区8省（自治区、直辖市）急需建设的143条专用线建设项目列表，建成21条，开工33条。

三是运输组织创新工程快速推进。会同国家发展改革委等部门组织开展了甩挂运输、多式联运、绿色货运配送、无车承运人等试点示范和宣贯推广。先后组织实施了四批共209个甩挂运输试点项目，三批共70个多式联运示范工程项目，两批共46个城市绿色货运配送示范工程。

3. 新能源和清洁能源推广应用取得积极成效

一是推广应用新能源和清洁能源汽车。交通运输部印发了《关于加快推进新能源汽车在交通运输行业推广应用的实施意见》，支持新能源装备的推广和配套设施的建设，支持电动汽车充换电基础设施建设，推动电动汽车普及应用。此外，交通运输部联合国家发展改革委等部门印发了《支持新能源公交车推广应用的通知》，持续支持新能源公交车发展，进一步优化使用环境。

二是推广靠港船舶使用岸电。印发了《港口岸电布局方案》，重点对493个既有大型专业化泊位进行岸电改造，联合财政部实施了国家资金补贴政策。推动长江干线主要港口，长江干线、西江航运干线和京杭运河水上服务区和待闸锚地岸电设施建设，会同国家能源局、国家电网公司共同推进三峡坝区岸电设施建设和使用。联合财政部、国家发展改革委等部门印发了《关于进一步共同推进靠港船舶使用岸电的通知》，进一步加大船舶靠港使用岸电协同推进力度。截至2020年底，全国共建成岸电设施6000多套，覆盖泊位7500余个，港口岸电布局方案有序推进。印发了《关于加快长江干线推进靠港船舶使用岸电和推广液化天然气船舶应用的指导意见》，进一步提高长江干线岸电设施使用率。

三是推进水运行业应用液化天然气（LNG）。联合国家发展改革委等13部委发布了《加快推进天然气利用的意见》，大力推进LNG清洁燃料在水运行业的应用。发布了《长江干线京杭运河西江航运干线液化天然气加注码头布局方案（2017—2025年）》，指导内河船用LNG加注码头建设。联合财政部、国家税务总局、工业和信息化部印发了《关于节能新能源车船享受车船税优惠政策的通知》，将使用纯天然气发动机的船舶作为新能源船，免征车船税。截至2020年，建成LNG动力船舶290余艘，拆解改造高污染内河运输船舶4万余艘，新建船舶较老旧船舶综合能耗平均下降27%左右。

4. 绿色低碳交通试点示范取得明显成效

开展了绿色交通省、绿色交通城市、绿色公路、绿色港口示范工程，2016—2019年完成的62个示范工程，年节能量约63万tce（吨标准煤），替代燃料量约213万toe（吨标准油）。开展了“车、船、路、港”千家企业低碳交通运输专项行动，发布了2016年度、2019年度两批《交通运输行业重点节能低碳技术推广目录》。

一是积极推进绿色公路建设。2016年，交通运输部印发了《关于实施绿色公路建设的指导意见》和《关于打造公路水运品质工程的指导意见》，组织实施绿色公路和品质工程建设，推进公路工程资源节约、生态环保、节能高效、服务提升，提升绿色发展水平。交通运输部先后启动了三批共33个典型示范工程建设，通过先行先试积累了好经验、好做法，并组织编制了《绿色公路建设技术指南》，为各地绿色公路建设提供技术指引和经验借鉴。各地也十分重视绿色公路建设，主动发布相关技术规范，积极开展工程实践，从试点示范向全面推广展开。总体上看，我国绿色公路理念得到进一步发展和提升，相关政策体系不断完善，通过工程实践取得了良好的示范效果，形成了一批可复制、可推广的绿色公路建设技术与经验。

二是加快推进绿色港口和绿色航道建设。交通运输部印发《关于推进长江经济带绿色航运发展的指导意见》和《推进珠江水运绿色发展行动方案（2018—2020 年）》，加快推进长江经济带、珠江流域绿色发展，将生态环保理念贯穿航道设计、施工、养护全过程。验收完成了江苏、辽宁、山东等 5 个绿色交通省绿色港口子项目和大连港、天津港等 11 个绿色港口主题性试点工程，深圳港蛇口集装箱码头股份有限公司等 8 个码头被评价确认达到“四星级”绿色港口标准。生态护岸、生态护滩、人工鱼礁等新工艺、新材料、新技术得到广泛应用。交通运输部出台了绿色航道评价相关标准，开展了内河航道生态设计指南研究工作，形成了以“荆江生态航道”“长江南京以下 12.5m 深水航道建设工程”等为代表的绿色航道工程。

2005—2020 年我国交通运输低碳发展主要指标状况见表 1-2。

2005—2020 年我国交通运输低碳发展主要指标状况　　表 1-2

指标名称	2005 年	2010 年	2020 年	2005—2020 年增长情况
交通基础设施建设低碳化发展				
中国绿色债券规模中清洁交通领域占比	—	—	19%（2019 年）	占比快速增加
综合运输结构绿色化水平				
货物周转量中水路运输占比	26.70%	23.49%	34.96%	30.94%
货物周转量中铁路运输占比	49.70%	28.60%	20.60%	-58.55%
旅客周转量中铁路运输占比	34.70%	31.40%	42.90%	23.63%
城市客运结构绿色化水平（2019 年数据，2020 年受新冠肺炎疫情影响数据不具备代表性）				
绿色出行分担率	55.94%	49.30%	42.93%	-23.26%
城市轨道交通分担率	4.95%	4.44%	10.61%	114.34%
城市公共汽电车分担率	50.38%	44.08%	31.48%	-37.51%
自行车分担率	0.47%	0.68%	1.18%	151.06%
交通运输装备绿色化水平				
新车销售量中新能源汽车占比	—	0.27%	4.39%	—
城市公共汽电车中新能源车辆占比	12.30%	22.90%	53.80%	337.40%

续上表

指标名称	2005年	2010年	2020年	2005—2020年增长情况
交通运输能源消耗水平				
交通运输能源消耗总量	2.31亿tce	3.32亿tce	5.17亿tce	55.51%
交通运输清洁能源占比	6.78%	7.68%	8.91%	31.42%
交通运输碳水平				
交通运输能源消耗总量	4.57亿t	6.63亿t	10.23亿t	123.85%

第二节 交通运输能源消费与碳排放现状

一 交通运输能源消费现状

1. 交通运输能源消费总量逐年增加，占比呈较快上升趋势

交通运输能源消费总量从2005年的2.3亿tce增长到2020年的5.17亿tce，年均增长率达到9.9%。交通运输能源消费在全国能源消费总量中的占比从2005年的5.3%，提高到了2020年的11.1%，如图1-9所示。

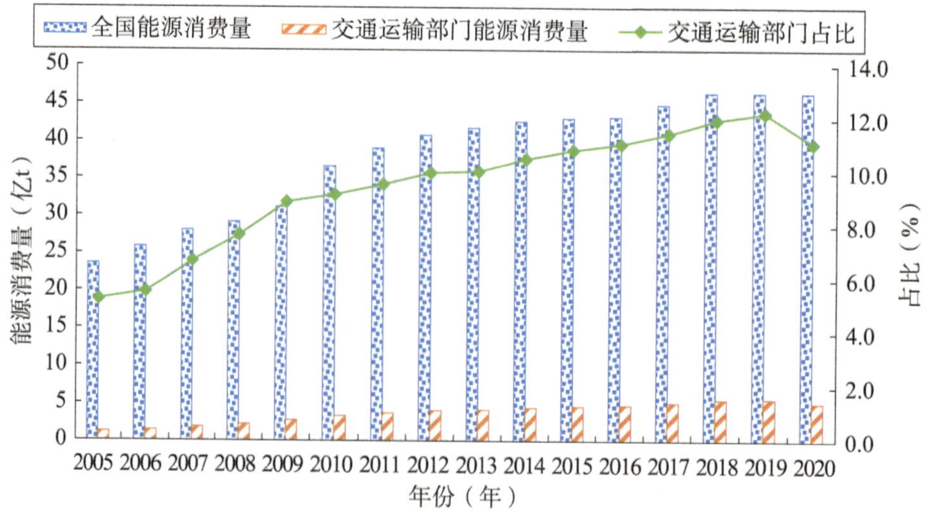

图1-9 2005—2020年交通运输能源消费量及其占比

2. 货运领域能源消费量占比高，航空能耗增长最快

货物运输能源消费量持续快速增长。货运能源消费总量从 2005 年的 0. 86 亿 tce 增长到 2020 年的 3. 35 亿 tce，增长 289%，其占比从 2005 年的 50%，增加到 2020 年的 65. 3%。其中，公路运输能源消费增长迅速，从 2005 年的 1. 12 亿 tce 增长到 2020 年的 2. 83 亿 tce，增长 153%。航空货运能耗从 2005 年的 165 万 tce 增长到 2020 年的 294 万 tce。

2005—2020 年交通运输分领域能源消耗情况如图 1-10 所示。

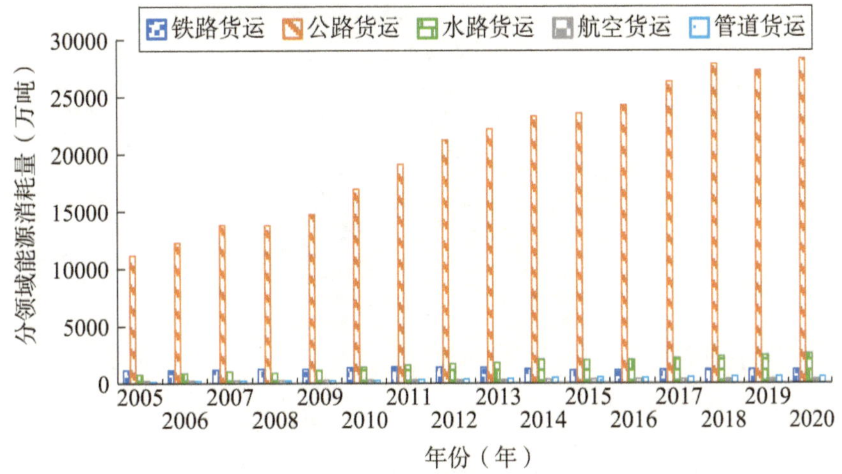

图 1-10　2005—2020 年交通运输分领域能源消耗情况

货物运输能源结构较为单一，仍然以柴油为主。2020 年货物运输柴油消费占全部能源消费总量的 90. 09%；其次是汽油，占比为 5. 03%；天然气占比为 3. 05%。

2020 年货物运输能源消费结构如图 1-11 所示。

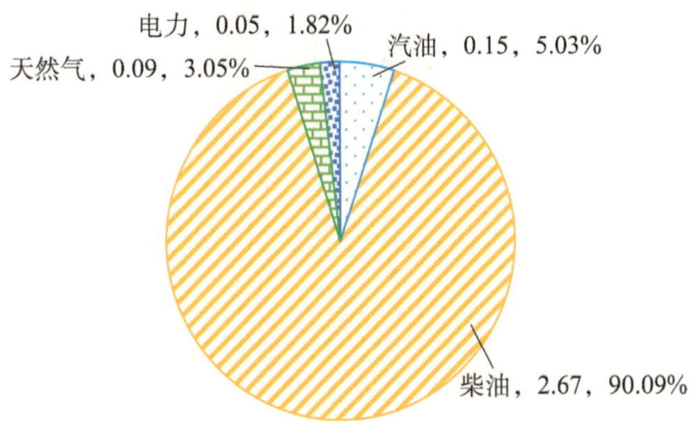

图 1-11　2020 年货物运输能源消费结构

3. 客运能源消费结构逐步优化，公交新能源消费增速较快

城际客运方面，航空煤油是最主要的能源消费品种，2020 年，航空煤油消耗 2100 万 tce，占比达 45%。柴油是第二大能源品种，共消耗 1700 万 tce，占比达 36.3%，由于铁路电气化的推进，城际客运的电力消耗达到 486 万 tce，占比达 6%。

2018 年城际客运能源消费结构如图 1-12 所示。

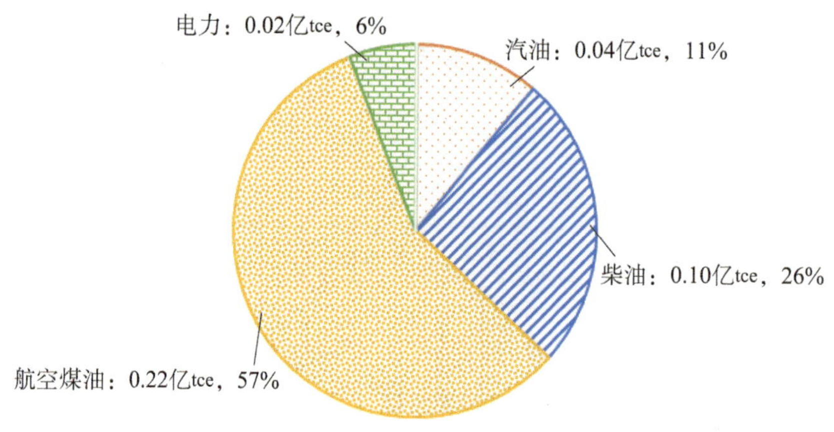

图 1-12　2020 年城际客运能源消费结构

城市客运方面，由于天然气车辆和纯电动车辆在公交、出租等领域的应用，公共交通新能源使用量增速较快。私人小汽车数量和单耗远高于公共交通，因此，汽油是最主要的城市客运能源消耗，2020 年达到 6100 万 tce，占比高达 69%。

2020 年城市客运能源消费结构如图 1-13 所示。

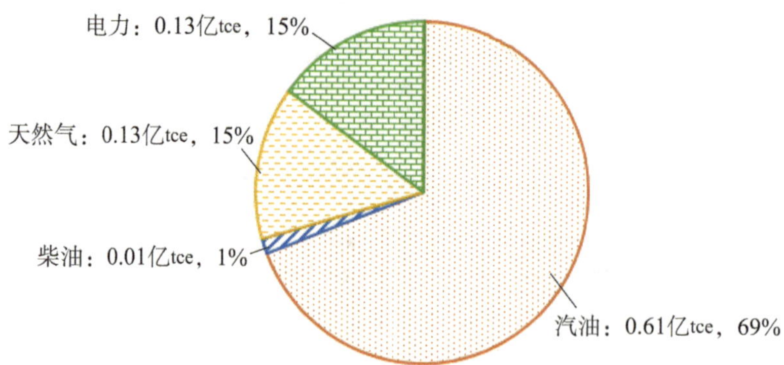

图 1-13　2020 年城市客运能源消费结构

二 交通运输 CO_2 排放现状

1. 交通运输 CO_2 排放总量增长迅速，占比呈上升趋势

随着我国国民经济和社会快速发展，全社会货运量和货物周转量大幅增长，交通运输 CO_2 排放总量从 2005 年的 3.4 亿 t 增长到 2020 年的 10.2 亿 t，增长了 149%，年均增长率达 5.8%。交通运输 CO_2 占全国比重从 2005 年的 5.9% 上升为 2020 年的 10.3%。

2005—2020 年交通运输 CO_2 排放量及占比如图 1-14 所示。

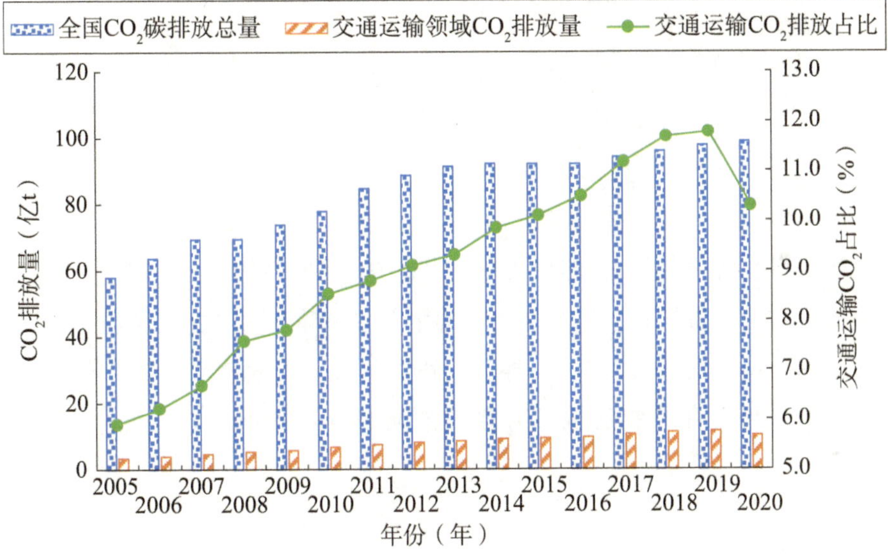

图 1-14　2005—2020 年交通运输 CO_2 排放量及占比

2020 年公路运输 CO_2 排放量占交通运输领域 CO_2 排放量的 86% 以上。随着经济持续快速发展，对大宗货物需求显著增长，现阶段大宗货物运输主要以公路为主，2005—2020 年，公路货物周转量年均增长 8.5% 左右，同时，我国私人小汽车从 2005 年的 0.17 亿辆增长到 2020 年 2.16 亿辆，增长了 12 倍。考虑到公路运输能源消耗 95% 以上依赖化石能源，导致公路运输 CO_2 排放量快速上升。由于铁路电气化率的提升，铁路运输 CO_2 排放量自 2013 年起逐年下降。水路运输 CO_2 排放量相对公路运输碳排放量较小，其总量呈缓慢增长趋势。航空运输 CO_2 排放量增速较快，占比逐年增加，自 2017 年起成为交通运输领域第二大 CO_2 排放行业。

2005—2020 年交通运输分领域 CO_2 排放情况如图 1-15 所示。

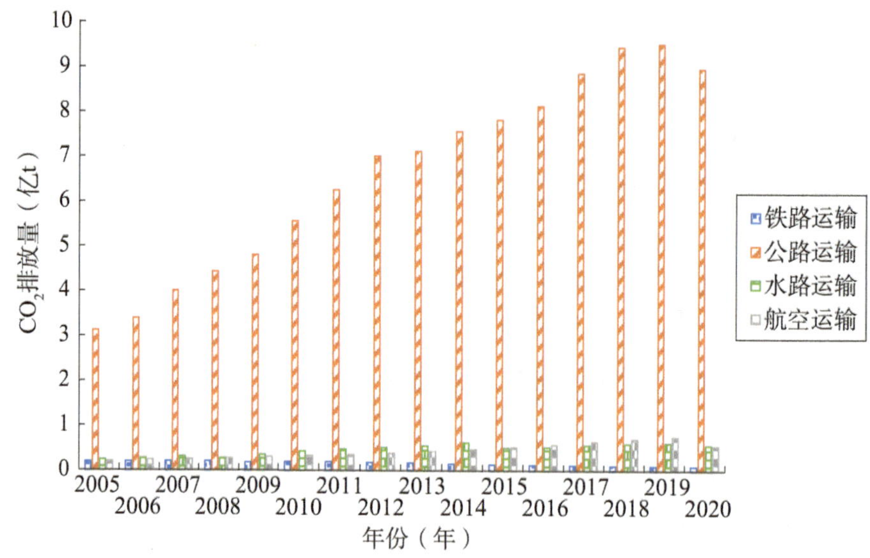

图 1-15　2005—2020 年交通运输分领域的 CO_2 排放情况

2. 货物运输 CO_2 排放持续增加，公路货运 CO_2 排放总量最大且增速较快

2020 年公路货运 CO_2 排放占比达 83.1%。随着我国经济快速发展，对货物运输需求显著提升，我国货物运输主要以公路为主，2005—2020 年，公路货物周转量年均增长 8.5%，导致公路货运 CO_2 排放量增长 2.4 倍。

2005—2020 年货物运输 CO_2 排放情况如图 1-16 所示。

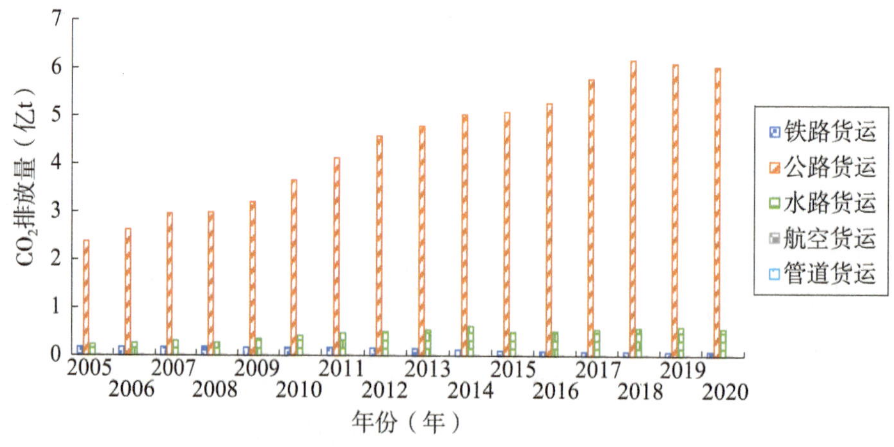

图 1-16　2005—2020 年货物运输 CO_2 排放情况

3. 城际客运 CO_2 排放中民航占比最高

居民城际出行方式逐步转向以铁路、航空出行为主。铁路实现了较为全面的电气化改造，铁路客运 CO_2 排放强度较低，CO_2 排放量呈逐渐下降

态势。民航客运 CO_2 排放量从 2005 年的 0.2 亿 t 增长到 2019 年的 0.73 亿 t，增长 2.65 倍，占比达到 59.3%。

2005—2020 年城际客运 CO_2 排放情况如图 1-17 所示。

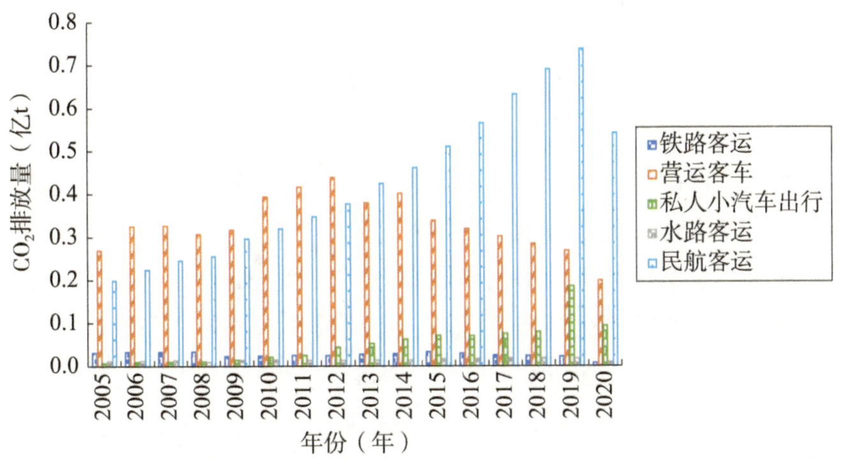

图 1-17 2005—2020 年城际客运 CO_2 排放情况

数据来源：《中国高速公路运输量统计调查分析报告》。

4. 私人小汽车快速增长带来了大量碳排放

2007—2018 年，我国私人小汽车保有量从 2007 年的 0.57 亿辆快速增长到 2018 的 2.01 亿辆，年均增长率为 11.1%。私人小汽车保有量迅猛增长，导致其 CO_2 排放量快速增加。2013 年私人小汽车超过出租汽车，成为城市客运中 CO_2 排放量最多的模式。轮渡、摩托车等 CO_2 排放量较为平稳。

2005—2018 年城市客运 CO_2 排放情况如图 1-18 所示。

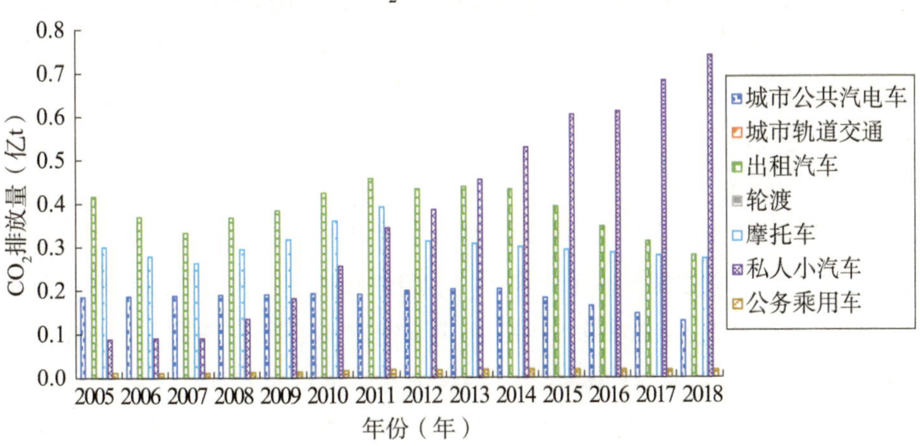

图 1-18 2005—2018 年城市客运 CO_2 排放情况

第三节 交通运输低碳发展面临的战略形势

一 面临形势与要求

交通运输低碳发展是应对全球气候变化、实现全球可持续发展的重要途径；是协调推进“四个全面”战略布局、全面落实“五位一体”总体布局、加快生态文明和美丽中国建设的迫切要求；是抢抓科技革命和产业变革、能源革命与数字化转型新机遇，实现国家治理体系和治理能力现代化的必然选择；是加快建设交通强国、构建安全便捷高效绿色经济的现代化综合交通体系的重要内容；是加快转变交通运输发展方式、实现交通运输高质量可持续发展、建设人民满意交通的内在要求。主要体现在以下方面。

1. 交通运输低碳发展是应对全球气候变化和全球可持续发展重要途径

气候变化是全球最大的环境挑战，人为活动导致的温室气体排放是20世纪中叶以来全球变暖的主要原因。IPCC（联合国政府间气候变化专门委员会）第五次评估报告详细分析了全球以及不同区域碳排放路径下的全球升温状态。基于全球应对气候变化目标建立国家和区域碳排放路径，从而进一步分析减排情景、政策和成本-效益，成为全球气候变化研究的重要范式。《巴黎协定》提出将全球平均气温较前工业化时期上升幅度控制在2℃以内，并努力将温度上升幅度限制在1.5℃以内，为全球碳排放路径研究和减排确定了新的目标和锚点。《全球升温1.5℃特别报告》更加明确了将全球变暖限制在1.5℃，需要到2030年全球碳排放比2010年下降约45%，到2050年左右达到“净零”排放，并在报告中提出4种实现路径。《全球升温1.5℃特别报告》对全球碳排放路径提出更加严格和更加清晰的路径要求，全球主要国家基于此都进一步明确和强化了自主贡献目标。我国是全球碳排放大国，2020—2050—2060年碳排放路径研究备受关注，我国在2015年提出2030年左右使碳排放达到峰值并争取尽早实现，2030年单位国内生产总值碳排放比2005年下降60%～65%。2020年，习近平总书记在第七十五届联合国大会一般性辩论上宣布我国力争于2030年前碳排放达到峰值，努力争取于2060年前实现碳中和❶，并在气候雄心峰会、世界经济论坛“达沃斯议程”对话会等8次重要会议上进一步宣布中国碳达峰碳中和的决心。为坚定不移实施积极应对气候变化国家战略，重点行业要积极做好碳达峰碳中和工作，推动制定碳达峰碳中和相关指导意见和行动方案。

党中央、国务院高度重视碳达峰碳中和工作的推进及落实。2020年中央经济工作会议指出，要抓紧制定2030年前碳排放达峰行动方案。中央财经委员会第九次会议强调，我国力争2030年前实现碳达峰，2060年前实现碳中和，是党中央经过深思熟虑作出的重大战略决策，事关中华民族永续发展和构建人类命运共同体。要坚定不移贯彻新发展理念，坚持系统观念，处理好发展和减排、整体和局部、短期和中长期的关系，以经济社会发展全面绿色转型为引领，以能源绿色低碳发展为关键，加快形成节约资源和保护环境的产业结构、生产方式、生活方式、空间格局，坚定不移走生态优先、绿色低碳的高质量发展道路。要坚持全国统筹，强化顶层设计，发挥制度优势，压实各方责任，根据各地实际分类施策。要把节约能源资源放在首位，实行全面节约战略，倡导简约适度、绿色低碳生活方式。要坚持政府和市场两手发力，强化科技和制度创新，深化能源和相关领域改革，形成有效的激励约束机制。

我国实现碳达峰、碳中和的时间紧、任务重，迫切需要加强顶层设计和统筹谋划。国家发展改革委正在研究制定2030年前碳达峰的具体行动方案，主要是聚焦2030年之前碳排放达到峰值的目标，合理确定主要领域、重点行业的达峰目标，组织实施若干行动。在碳达峰行动方案的框架下，编制出台煤炭、电力、钢铁、石化、化工、有色金属、建材、建筑、交通、农业、农村新型基础设施等一系列的实施方案。

交通运输是发展的“先行官”，同时又是资源消耗和污染排放型行业，是绿色低碳发展的重要领域。国家现行法规对交通运输部门节能降耗和降低碳排放工作都有明确要求。《中华人民共和国节约能源法》要求“国务院有关交通运输主管部门按照各自的职责负责全国交通运输相关领域的节能监督管理工作；国务院有关交通运输主管部门应当加强交通运输组织管理，引导道路、水路、航空运输企业提高运输组织化程度和集约化水平，

---

❶引用自《人民日报》(2020年11月30日01版)。

提高能源利用效率”。《国家应对气候变化规划（2014—2020年）》等对交通运输提出了明确要求，包括积极发展公共交通、推进多式联运和甩挂运输、推广应用新能源和清洁能源等。

2. 交通运输低碳发展是建设生态文明和美丽中国的迫切要求

党的十八大以来，以习近平同志为核心的党中央高度重视生态文明建设，提出一系列新理念新思想新战略，形成了习近平生态文明思想，是新时代交通运输生态文明建设的根本遵循，为未来推进生态文明建设和绿色发展指明了路线图。党的十八大提出，将生态文明建设纳入“五位一体”总体布局；党的十八届四中全会提出，要坚持创新、协调、绿色、开放、协调、共享的新发展理念；党的十九大把“建设美丽中国”作为现代化目标之一，明确提出“建设生态文明是中华民族永续发展的千年大计”。2018年，全国生态环境保护大会确立了习近平生态文明思想。近年来，中共中央、国务院陆续颁布《关于加快推进生态文明建设的意见》和《生态文明体制改革总体方案》等，提出了生态文明建设和生态文明体制改革的总体要求、目标愿景、重点任务和制度体系，明确了路线图和时间表。这些都表明，我国国民经济和社会发展已进入新阶段，对能源资源节约、应对气候变化和生态环境保护提出了更高的要求，必须将低碳发展作为国家重大战略，加快推动经济社会发展转型升级提质增效。

交通运输是经济社会发展的基础性、先导性、战略性产业和服务性行业，同时也是生态文明建设、绿色低碳发展和打好污染防治攻坚战的重点领域。《中共中央国务院关于全面加强生态环境保护坚决打好污染防治攻坚战的意见》《打赢蓝天保卫战三年行动计划》等政策文件都对交通运输业提出了明确的任务要求。《交通运输部关于全面加强生态环境保护坚决打好污染防治攻坚战的实施意见》等文件提出了2020年具体发展目标以及2035年展望目标，新时代交通运输低碳发展责任重大、任务艰巨。交通运输行业必须着眼于中华民族伟大复兴的战略全局，加快转变交通运输发展方式，调整交通运输结构，强化节能减排和污染防治，加快推进新能源、清洁能源应用，为加强生态文明和美丽中国建设提供有力支撑。

3. 交通运输低碳发展是加快建设交通强国、构建安全便捷高效绿色经济的现代化综合交通体系的重要内容

中共中央、国务院印发的《交通强国建设纲要》明确提出“构建安

全、便捷、高效、绿色、经济的现代化综合交通体系”，并将“绿色发展节约集约、低碳环保”作为未来交通运输发展的战略重点。建设交通强国是新时代赋予交通运输行业的历史使命。交通运输低碳发展是加快建设交通强国的重要目标和关键领域，是实现交通运输高质量发展和绿色转型的战略举措。

未来一段时期，是我国从“交通大国”向“交通强国”迈进的重要时期，我国社会主要矛盾在交通运输领域体现为人民群众日益增长的美好生活需要和出行需求，与交通运输发展不平衡不充分、供给能力质量效率还不够高之间的矛盾。交通运输必须坚持以人民幸福生活为宗旨，由注重提高供给能力向注重提升供给质量效率转变，促进绿色出行、绿色物流发展，走科技含量高、经济效益好、资源消耗低、环境污染少的发展道路，建设更安全、更普惠、更可持续、更具竞争力的现代综合交通运输体系，为建设人民满意、保障有力、世界前列交通强国奠定坚实基础。未来中长期，交通运输行业亟须促进公路货运节能减排，推动城市公共交通工具和城市物流配送车辆全部实现电动化、新能源化和清洁化；亟须开展绿色出行行动，倡导绿色低碳出行理念。

4. 交通运输低碳发展是抢抓科技革命和产业变革、能源革命与数字化转型新机遇的必然选择

当前，全球新一轮科技革命和产业变革蓄势待发，信息网络、人工智能、大数据、云计算、物联网、新能源、先进制造、3D 打印等与交通运输息息相关的领域呈现出群体跃进态势，自动驾驶汽车、智能船舶、智能航运、低真空管（隧）道高速列车等引领交通产业变革的前瞻性、颠覆性技术不断涌现。国家部署加快第五代移动通信技术（5G）、数据中心、人工智能、新能源汽车充电桩、高速铁路和城际轨道交通等新型基础设施建设，加快 5G 等新技术商用步伐。技术革新是低碳交通运输发展的关键所在，我国高度重视并大力支持绿色低碳新技术发展，以及纯电动汽车、混合动力电动汽车、燃料电池电动汽车等新能源汽车和天然气、生物燃油等替代能源车船装备研发与推广，节能与新能源汽车产业已被国家列为国家战略型新兴产业。

作为技术密集型和集成应用型行业，交通运输生产生活方式和组织模式面临变革性影响，日益呈现出智能化、自动化、无人化、电动化、低碳

化、共享化等几大主要趋势和特征。移动互联网、物联网、云计算、大数据等新技术应用，以及新能源汽车、储能技术、自动驾驶等技术突破，对交通运输格局带来了较大影响。互联网租赁自行车（以下简称“共享单车”）在优化交通出行结构、满足“最后一公里”需求方面发挥了显著作用；网约车的出现缩短了乘客打车等待时间，降低了车辆空驶率，提高了能源利用效率。这些新技术、新产业、新业态、新模式不仅改变着人们的出行方式，影响着传统交通运输服务业态，也为行业的转型升级、低碳发展带来了前所未有的机遇。

这就迫切需要交通运输行业抢抓新一轮科技革命和产业变革的历史机遇，把创新作为推动低碳发展的第一动力，加强与新技术的融合发展，积极部署推动自动驾驶、智能交通、新能源等关键技术及装备研发，加快发展新技术、新产业、新业态、新模式（四新经济），推进先进适用低碳交通技术和产品推广应用，加快交通基础设施数字化改造、交通运输装备智能化升级、交通能源系统绿色化转型、交通运输服务高效化发展，全面提升交通运输科技实力和低碳发展水平，提高国家竞争力。

二 主要问题与挑战

总体而言，交通运输行业在运输结构优化、能源清洁化、低碳技术进步、低碳管理提升等各方面取得显著成效，与此同时，与应对全球气候变化、实现全球绿色低碳可持续发展的新形势相比，与建设生态文明和美丽中国、推动经济高质量发展的新要求相比，与建设人民满意、保障有力、世界前列的交通强国的新使命相比，仍然存在一些问题、差距与不足，主要体现在：

一是运输结构还需优化。受到基础设施网络布局系统性不足、缺乏有效衔接，空间资源利用效率低等一系列限制，铁路、水路等节约能源资源、长距离大宗货物成本较低的比较优势尚未充分发挥；货物运输规模化集约化程度较低，经营主体过于分散，企业经营的综合优势难以发挥，交通运输结构性矛盾尚未根本解决。

二是绿色交通消费和出行模式尚未形成。城市公共设施与交通系统规划衔接性不够，“职住分离”的城市布局，增加了城市出行需求，导致交通拥堵。基础设施供给不足，慢行系统建设相对滞后，自行车、步行等绿色出行分担率有待进一步提升。公共交通服务质量有待改善，旅客联程运输发展尚处于初级阶段，与人民群众高品质的出行期待还有较大差距。

三是低碳交通技术与装备水平有待进一步提升。低碳交通科技创新与智能交通建设，节能低碳新技术、新产品、新材料、新工艺等研发与推广应用力度有待进一步加强，智能化信息化助推交通运输系统运行效率和综合能效提升的潜能有待进一步挖掘；运输装备标准化和清洁水平仍需提升，老旧和高耗能、高排放交通工具更新缓慢，清洁能源和新能源为燃料的运输装备设备应用缓慢，目前新能源车辆主要应用于公交、出租汽车、城市配额等，在货物运输、班线客运等应用较少，充换电、加氢、加气等配套设施建设不足。

四是绿色低碳交通治理基础还比较薄弱。我国交通运输绿色低碳治理体系和治理能力存在总体水平不高、区域发展不平衡以及层层递减现象，特别是地市以下交通运输有关部门职能和人员配置较为薄弱；对交通运输绿色低碳发展的认识还不够到位，治理能力不够强、行动不够实；相关法规制度仍不完善，绿色低碳交通标准较为缺乏，统计监测、评价考核等基础能力薄弱。

第二章

典型发达国家交通运输低碳发展特征与启示

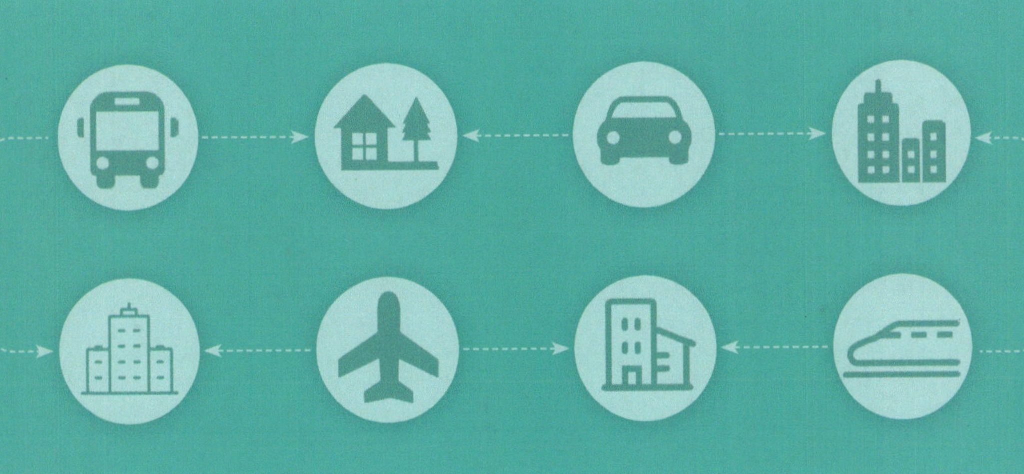

美国、日本、英国、德国等发达国家的交通运输现代化水平比较高，同时也是全球交通运输低碳发展的先行者，全面分析这些典型发达国家交通运输需求、能源消费与碳排放的演变规律，对我国交通运输低碳发展战略选择具有重要的借鉴和参考意义。本章系统梳理分析了典型发达国家交通运输需求发展特征，总结分析了国外交通运输碳排放总量、结构与强度变化的主要特征与一般规律，可为我国交通运输低碳发展战略选择提供良好的国际标杆与参照。

第一节　典型发达国家交通运输需求发展特征

我国与发达国家的交通运输业处于不同发展阶段，具有迥异的发展阶段特征。如发达国家交通基础设施体系已基本完善，而我国交通基础设施还处于快速发展阶段，预计到 2035 年，我国现代化综合交通体系基本形成；发达国家城市化、机动化进程已经完成，私人汽车保有量增速较慢，而我国仍处于城市化、机动化快速推进过程中，汽车保有量还处于快速增长期，峰值还远未到来；发达国家客货运输及其能源消耗、排放量等已由增长期到出现拐点开始下降，而我国客货运输及其能源消耗、排放量等总体还处于较快上升阶段。由于交通运输需求是影响碳排放量的重要因素，本章首先分析典型发达国家的交通运输需求发展特征。

一　旅客运输需求随着 GDP 增长而快速增长

1. 人均 GDP 达到上中等收入经济体前客运需求增长速度较快，之后增速放缓

旅客运输需求与 GDP 增长速度密切相关。美国从 20 世纪 60 年代到 2000 年，旅客周转量一直处于增长态势；20 世纪 70 年代人均 GDP 达到 7000 ~ 8000 美元之后趋于平缓，1970—1990 年的年均增长速度下降至

3.0%左右；1990年之后，美国人均GDP达到2万美元以上，旅客周转量增长速度相较之前明显放缓。日本在人均GDP突破1000美元后持续高速增长，1978年人均GDP超过8000美元。与经济增长相对应，1960—1974年日本客运需求增长最快，年均增长率为5.9%；此后由于受两次石油危机的冲击，日本经济进入中速增长期，20世纪80年代以后，客运市场发展十分缓慢，客运量和旅客周转量增速不及GDP增速。

2. 生产性和生活性出行比例基本稳定

以美国和英国为例，以通勤、商务、上学等为目的的生产性出行比例基本维持在30%左右，这表明在生活方式不发生明显变化的前提下，居民出行目的结构基本稳定，客运消费成本占总消费成本比例也比较稳定。美国的客运消费占总消费比例较低，约为10%，且从2008年起有所下降，主要原因是美国交通出行主要方式是私人小汽车，且汽油价格较低，导致了公共交通消费占比较低。而英国的客运消费占比稳定后保持在13%~14%。

3. 每户年均出行次数具有“天花板”效应，但收入到一定水平后高端需求增长更快

以美国和英国为例，近年来人均出行次数均保持稳定。美国的每户年均出行次数从1983年的2628次增长到1995年的3828次，但之后又下降到2009年的3466次。英国的人均出行次数从1972年的956次增长到1990年的1009次，之后有所下降。美国、英国的客运出行总距离也在出现峰值后出现下滑迹象，这可能与经济表现的周期性变化有关。但是，当收入达到一定水平之后，对于高端客运方式的需求增长更快，比如美国在人均收入增长较快时期内的民航客运等高端出行方式增长速度明显快于其他方式。

二 受产业结构影响较大，工业化后期货物运输需求增速逐步放缓

1. 货运需求总量受产业发展影响大

美国进入后工业化阶段后，虽然不断地向国外转移产业，但由于其国土面积广阔，产业结构完整，钢铁、煤炭、矿石等大宗商品总产量有所上升，因此其货运总量依然缓慢增长，铁路货运承运比例在一段时间内仍然保持上升态势。日本受岛国地理区位和资源匮乏影响，其在重化工业调整时期对原料、初级品需求的降低，造成总货运量增速下降；此外，由于其

国土面积狭小，产业集中在东部沿海地带，“国内公路 + 国际水路”运输成为其主导的货运方式，铁路货运所占比例较低。

2. 工业化后期货运增速均有所放缓甚至下降

货物运输需求增长速度和 GDP 增长速度具有紧密的相关性，在经济较高速度发展时期，货运速度也较高。到工业化后期，随着 GDP 由高速向中高速、中低速以至低速发展阶段演变，货运增速也同样呈阶梯性下降趋势。20 世纪 80 年代，美国基本完成工业化后，货物周转量开始转向更低速的缓慢增长，1980—2008 年，美国全社会货物周转量年均增速仅为 1.2%。日本受两次石油危机冲击，经济大幅下滑，货物周转量增速也由两位数迅速下跌至 2% 左右，虽经过 20 世纪 80 年代后期的经济复苏带动货运增速回升至 5% 左右，但在 20 世纪 90 年代受经济大衰退影响，货运增速再次下滑到 1% 以下，进入 21 世纪以后日本增长率基本停滞，2008 年金融危机导致其货运量跌至 20 世纪 80 年代末期水平。英国在 1970—1990 年全社会货物周转量年均增长 2.41%，其间受偶然因素影响，仅个别年份出现了大幅增长或下跌，但总体上呈现长期低速增长。2008 年受金融危机冲击，英国货运量出现明显下滑。总体来看，美国、日本、英国货物周转量在到达较高数值后进入低增速稳定期甚至下降期。

典型发达国家货物周转量发展变化情况如图 2-1 所示。

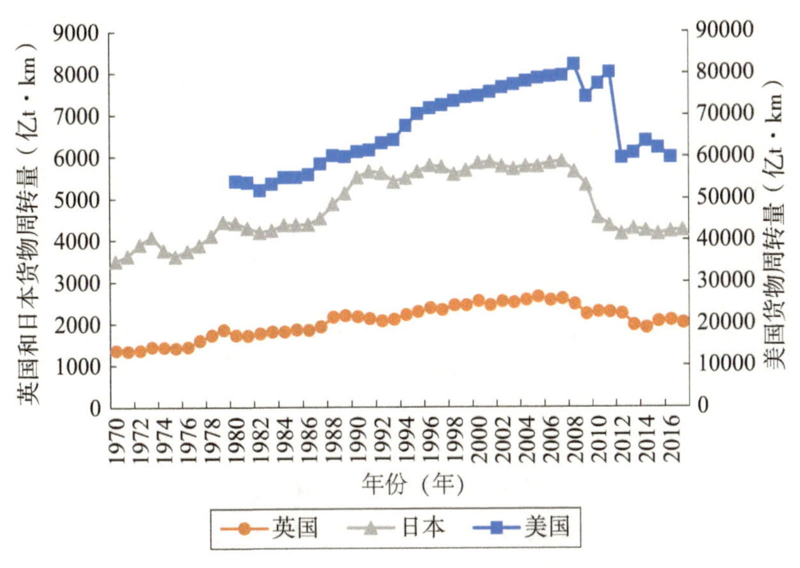

图 2-1 典型发达国家货物周转量发展变化情况

3. 运输结构到后期保持基本稳定

各国的运输结构虽然由于其地理区位、资源禀赋、产业结构和商品种类等不同而有较大差异，但运输结构演变也有共同特征：运输结构变化到一定阶段后保持基本稳定。在工业化后期经济增长放缓时，日本、英国出现了铁路货运比例的连续下滑，在进入后工业化阶段后，人们更加重视环保，铁路货运比例倾向于稳定，甚至出现了小幅度上升。与此相对应，公路货运比例上升到一定阶段后基本保持基本稳定。以欧盟为例，从2009—2018年，在内陆货运方式中，公路和内陆水道的比例有所下降，铁路货运比例则有轻微的上升。到2018年，欧盟内陆货运中公路运输占比达到76.5%；其次为铁路运输，占比为18.0%；5.5%是由内陆水道承担。

欧盟内陆各货运方式所占比例如图2-2所示。

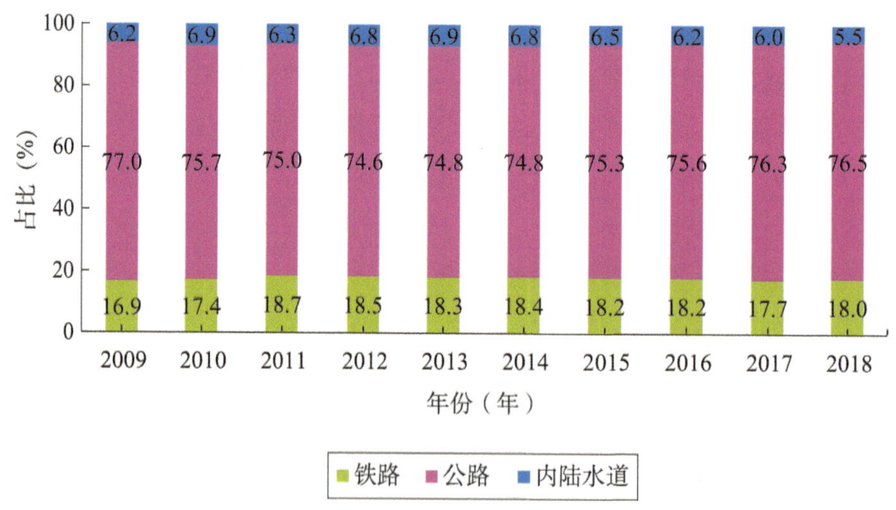

图2-2 欧盟内陆各货运方式所占比例

第二节 典型发达国家交通运输碳排放特征与启示

尽管当前我国和典型发达国家运输所处的发展阶段及其主要特征不同，但我国交通运输发展与这些国家也有相似的发展路径，这些国家的交通运输低碳发展历程、一般规律以及经验教训无疑对我国具有重要的借鉴意义。

一 碳排放量达峰后下降，之后又缓慢增长

通过对比 1990—2018 年美国、英国和德国三国交通运输业碳（温室气体）排放量的变化发现，20 世纪 90 年代以后，三国交通运输业碳（温室气体）排放量的变化趋势整体一致，都经历了先增加后减少又缓慢增加的过程，如图 2-3 所示。

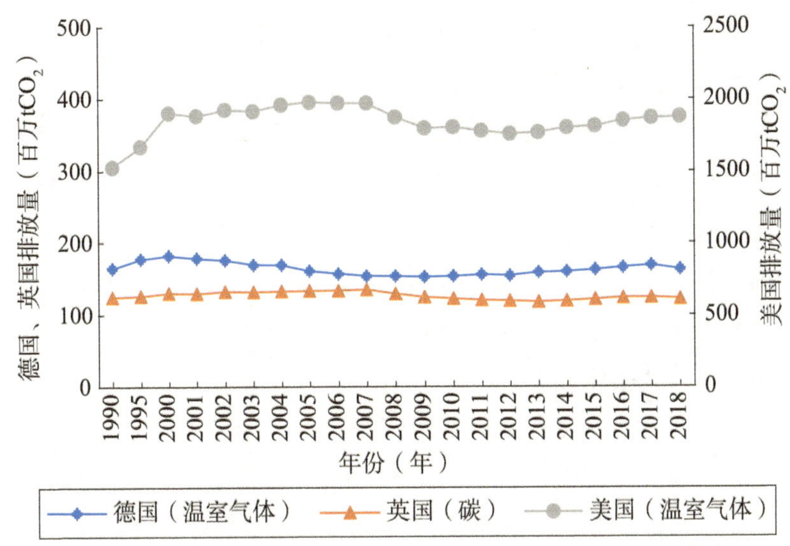

图 2-3 典型发达国家交通运输 CO_2（温室气体）排放量

从 1990—2007 年，美国交通运输业碳排放量整体呈增长趋势，并在 2007 年达到峰值，之后慢慢回落，然后再继续增长。从总体趋势来看，从 1990—2018 年，美国交通运输碳排放总量增长很大程度上是由于旅游需求增长，其间轻型汽车（乘用车和轻型载货汽车）的车辆行驶里程（VMT）增加了 46.1%，这是一系列因素综合作用的结果，包括人口增长、经济增长、城市扩张和低油价时期等。

交通运输部门在不少发达国家已成为最大的碳排放部门。2016 年，美国交通运输部门首次超过电力行业成为第一大碳排放部门。2018 年美国交通运输部门碳排放占全国碳总排放量的比例达到 33.1%，英国占比同样达到 33%。

对比而言，我国交通运输部门碳排放量仍然在快速增长，但排放量的占比仍然显著低于发达国家。为此，交通运输部门需要采取有力措施尽快实现碳排放达到峰值。

二 客运碳排放强度下降难度较大，而货运仍有较大减排空间

从客运碳排放强度指标的横向对比来看，当前我国客运碳排放强度低于发达国家，主要原因是我国是世界第一人口大国、发展中国家、高客流密度交通大国等，现阶段我国旅客运输服务运输实载率相对较高，且在安全性和舒适性方面与国外先进水平相比还有差距，铁路、城市公共交通、城乡与农村客运等高峰时段运输处于饱和状况甚至超载现象等。从各国客运碳排放强度历年来的相对变化趋势来看，随着出行便捷性、舒适性需求的不断提高，客运单耗可能呈上升态势，进而导致碳排放强度不断上升。因此，通过从国际经验和趋势判断来看，客运碳排放强度下降的空间相对较小、难度较大，未来客运发展需要统筹考虑节能减排与提升服务质量，在两者之间力求实现权衡。未来引导公众形成合理的消费模式、提升绿色出行的比例将成为关键之举。

从世界主要发达国家或地区货运碳排放强度历年的变化趋势来看，美国、日本、欧盟等大多数国家货物运输的碳排放强度呈不断下降态势，而且普遍降幅较大。例如，欧盟道路货运碳排放强度的整体水平在2000—2015年间下降了6.3%，年均降幅为0.5%，其中德国在2000—2016年间下降了23.0%，年均降幅为2.1%。国外经验表明，即使是国际货运物流业发达的国家，其节能减碳仍然大有潜力可挖。未来我国应将发展现代物流、提高运输组织化程度和运输效率以及促进货车的技术减排作为主攻方向，着力降低货运能源强度，减少碳排放。

三 战略引导、运输结构优化、交通模式集约化、低碳科技创新等是实现交通运输低碳发展的重要途径

综合分析美国、日本、欧盟等典型发达国家和地区交通运输低碳发展政策动向可知，其制定综合性战略、调整运输结构、构建集约化交通模式、出台科技政策等方面的创新政策与行动举措，可为我国交通运输低碳发展战略选择提供良好的国际标杆与参照。

1. 注重加强综合性可持续交通的战略引领

欧盟和美国都明确提出建立可持续发展交通运输系统的战略。如欧盟将低碳交通作为交通运输发展的核心战略；美国强调转变发展方向和发展方式，既要扩展运输网络能力，服务于人口和经济增长，也要降低交通运输发展对生态环境和全球气候的影响，实现交通运输低碳发展等。

2. 注重发挥运输结构调整的减排作用

发达国家十分注重综合运用规划、价格、投资、宣传、教育、运输组织等手段，促进客货运输需求由小汽车、载货汽车运输等碳排放强度高的运输方式向铁路、水路、公共交通等碳排放强度低的运输方式转移，实现在货物、旅客运输量相同的前提下，减少碳排放。从发达国家走过的路径来看，道路运输、民航等由于机动性强、便捷舒适等优点，得到快速发展，碳排放所占比例上升较快，因此必须加快调整优化交通运输结构，有力推动交通运输减排。

3. 注重构建集约型交通发展模式

相同经济发展水平的国家，由于交通发展模式不同，交通运输碳排放结果大相径庭。日本、欧盟等国家或地区形成集约化交通发展模式，而美国则形成蔓延式交通发展模式，不同模式下各国人均交通碳排放差距巨大，美国人均交通碳排放是欧盟、日本的 3 倍以上。另外，交通运输布局与产业、城镇、人口、土地相适应，形成以快捷的大容量交通方式为主导的集约型交通供给模式，有利于交通运输节能减碳。因此，有必要充分吸收借鉴国外交通发展模式集约化的成果经验，大力加强城市间高速铁路、城际铁路，城市内轻轨、磁浮、市郊铁路等交通基础设施的规划建设，以节能型大容量、快速交通方式引导城市、城市群集约布局，形成集约低碳的交通供给模式。

4. 注重强化低碳科技创新政策引导

发达国家注重在交通运输新技术、替代能源、清洁能源、信息技术和智能交通等领域的研发和应用，尤其是新能源、载运工具新技术等方面，并制定了明确的技术发展路线图。典型的如：日本通过对汽车运输企业等展开生态驾驶管理系统的普及，推动生态驾驶，使燃油使用效率提升了约 15%。不少发达国家也注重推进混合动力机车等节能车辆及高效电力设备、超级节能船舶的技术研发。美国、欧盟均将电动汽车等作为交通运输能源科技研发的重点领域。美国在下一代飞机制造中处于领先地位，使其成为该领域标准的制定者和主导者，主导国际交通领域标准制定。巴西重点研发生物质柴油、纤维素乙醇等交通运输替代燃料，通过科技创新，加快交通运输能源系统高效清洁化。

第三章

交通运输需求及碳排放情景分析

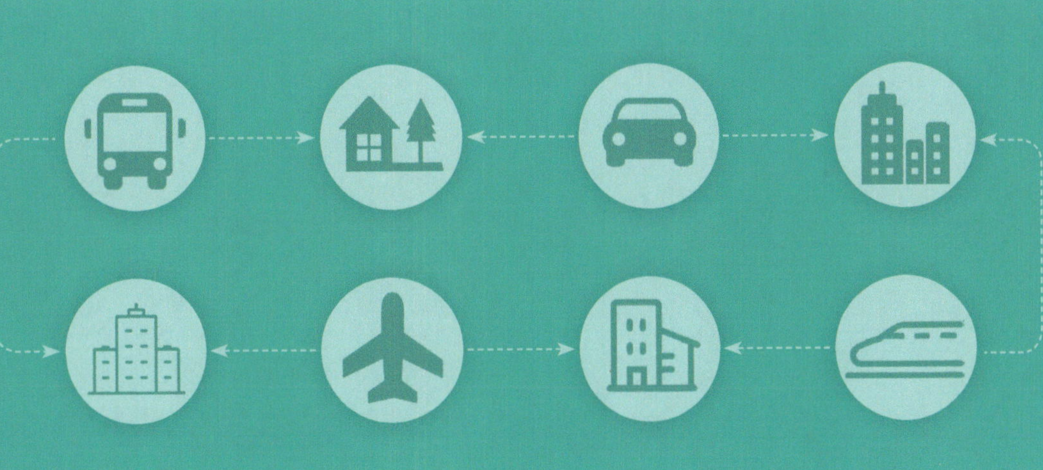

本章运用情景分析等方法，对客货交通运输需求进行预测分析，分别从基准情景、强化减排情景、2℃、1.5℃情景四种不同情景，分析展望2025年、2030年、2035年、2050年典型特征年份的中国交通运输 CO_2 排放趋势、减排路径及其减排效果，为科学制定中国交通运输低碳排放目标、实现途径奠定基础。

第一节 未来交通运输需求分析

一 我国货物运输需求将由高速增长转向平稳增长

1. 货物周转量预测与情景分析

（1）货运将从运输化2.0阶段迈向运输化3.0阶段。

与工业1.0阶段、工业2.0阶段、工业3.0阶段和工业4.0阶段相对应，货物运输发展也可以划分为运输化1.0阶段、运输化2.0阶段和运输化3.0阶段。运输化1.0阶段大体对应第一次工业革命时期和第二次工业革命时期的前半段，在该阶段中各种近现代运输方式各自独立发展；运输化2.0阶段对应第二次工业革命时期的后半段，运输业在该阶段中的主要特征是实现多式联运、枢纽衔接和运输领域的综合运输体系；运输化3.0阶段则对应第三次工业革命时期，运输发展更多考虑资源环境、大都市区形态、信息化、全球化和以人为本等[1]，如图3-1所示。

从发展阶段来看，发达国家目前正处于工业3.0阶段向工业4.0阶段的过渡阶段，我国整体上对应工业2.0阶段向3.0阶段的过渡阶段，同时

[1]荣朝和. 对运输化阶段划分进行必要调整的思考[J]. 北京交通大学学报，2016，40(4)：122-129.

还交织着追赶工业 4.0 阶段。这一阶段，工业结构的改变将使高附加值产品数量更多，相应在货运量中所占的比例也随之提高，货物运输量将处于运输化 2.0 阶段。2030—2045 年，我国货物运输量增长速度将降低。从区域来看，我国不同区域工业化程度不同，各个地区交通需求呈现多样化特点，未来货运需求将会呈现不同特点（图 3-2）。

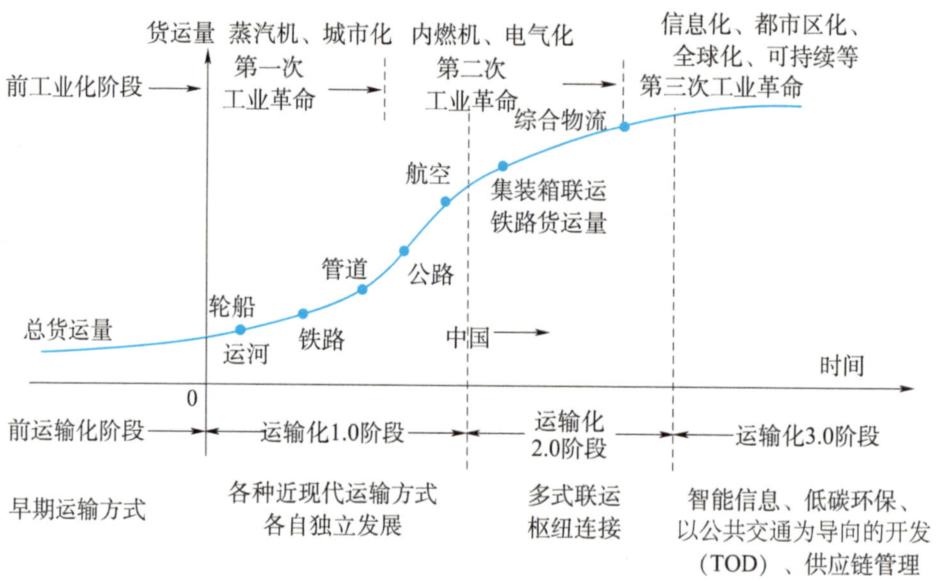

图 3-1　运输化阶段划分调整示意图

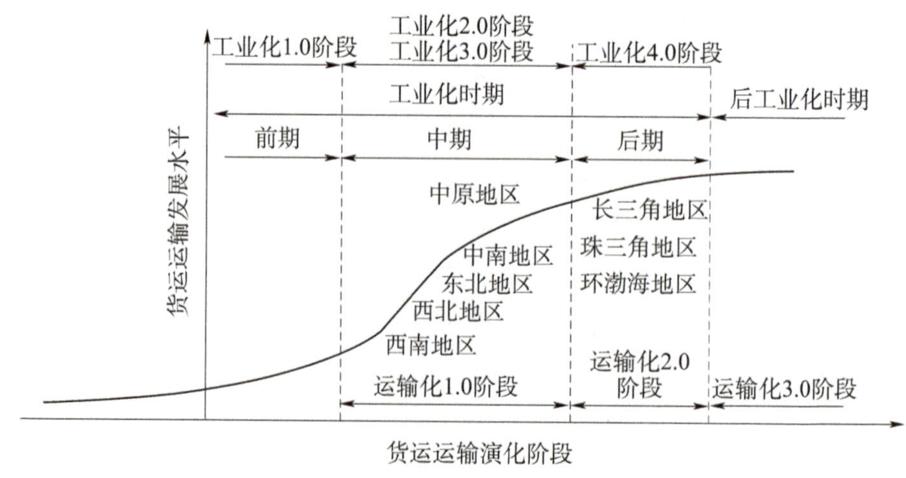

图 3-2　我国区域货运运输系统发展阶段示意图

（2）未来我国货物运输特点。

依照对交通货运需求核心因素的分析，通过构建货运需求模型❶，得到不同货运方式下货物周转量的预测结果，见表3-1。

我国货物周转量的预测结果（万亿t·km） 表3-1

运输方式	年份（年）	基准情景	强化减排情景	2℃情景	1.5℃情景
铁路	2020	3.30	3.20	3.17	3.16
	2025	4.09	3.50	3.48	3.45
	2030	4.82	3.98	3.98	3.98
	2035	5.15	4.34	4.11	4.04
	2040	4.72	4.43	4.29	4.20
	2045	4.30	4.15	4.05	3.92
	2050	3.86	3.79	3.78	3.58
公路	2020	7.82	7.53	7.53	7.53
	2025	8.75	7.65	7.65	7.65
	2030	10.00	7.87	7.87	7.87
	2035	11.43	9.80	8.91	7.64
	2040	11.69	10.32	9.57	8.25
	2045	11.93	10.14	9.32	8.23
	2050	11.96	9.90	8.95	8.27
水路	2020	5.37	5.35	5.35	5.35
	2025	6.02	5.10	5.10	5.10
	2030	6.75	5.30	5.30	5.30
	2035	6.92	5.26	4.99	4.80
	2040	6.06	5.27	5.09	4.89
	2045	5.24	4.83	4.72	4.64
	2050	4.40	4.32	4.31	4.29
航空	2020	0.03	0.03	0.03	0.03
	2025	0.04	0.04	0.04	0.04
	2030	0.06	0.06	0.06	0.06
	2035	0.08	0.07	0.07	0.07
	2040	0.09	0.08	0.07	0.07
	2045	0.10	0.08	0.08	0.08
	2050	0.10	0.08	0.08	0.08

❶由课题组开发的货运需求模型，模型具体细节不是本书重点，在此不做赘述。

续上表

运输方式	年份（年）	基准情景	强化减排情景	2℃情景	1.5℃情景
管道	2020	0.48	0.47	0.47	0.47
	2025	0.54	0.47	0.47	0.47
	2030	0.61	0.51	0.51	0.51
	2035	0.65	0.54	0.50	0.50
	2040	0.61	0.54	0.51	0.51
	2045	0.56	0.50	0.48	0.47
	2050	0.52	0.46	0.44	0.43
总量	2020	17.00	16.58	16.55	16.54
	2025	19.44	16.76	16.74	16.72
	2030	22.24	17.72	17.72	17.72
	2035	24.23	20.01	18.58	17.05
	2040	23.17	20.64	19.53	17.92
	2045	22.13	19.70	18.65	17.34
	2050	20.84	18.55	17.56	16.65

一是未来货运需求将由高速增长转向平稳增长。我国经济已由高速增长阶段转向高质量发展阶段，供给侧结构性改革将进一步深化，货运需求增速将有所下降，但由于工业化和城镇化进程还在持续，2030 年前货运需求仍将保持中速增长（增速 3% ~5%）；2030—2040 年我国进入以科技进步和创新为重要支撑的新兴工业化发展阶段，工业品产量及货物运输量需求增速会放缓，货运需求增速降低（增速 1% ~2%）；2040 年后货物运输周转量将逐步达峰，并维持一个缓慢下降的趋势。

二是货运结构受政策影响较大。随着路网等级的不断提高，加上具有“门到门”优势，公路运输仍将是货运最主要的运输方式。铁路、水路运输的占比受政策力度影响较大。若实施力度较大的低碳交通政策，会引起部分公路货运转移到铁路和水路方向，铁路货运量及货物周转量占比增长；同时，如果鼓励大规模推广铁水集装箱联运，那么铁路和水路货物运输将拥有新的增长点；航空、管道所承担的货运量会有所上升，但占比较低。

三是大宗货物运输量在 2030 年之前达到峰值。2018 年，我国大宗货物的产量和运输量均居世界第一。随着供给侧结构性改革的不断深化，持续推动发展方式转变、经济结构优化、增长动力转换等，重化工业增速降低，减少对煤炭、铁矿石和钢铁等大宗货物的需求，煤炭、冶炼物资、建材、粮食等大宗物资运输需求量总体快速增长的势头将有所放缓。大宗货物运输需求将于2020—2030年处于高峰平台期，2030年后随着城市化进程以及基础设施建设的完成，大宗物资运输将有所下降。另一方面，我国国土面积大、人口多、资源禀赋不均衡，大宗货物运输量达峰后，短期内不会出现明显的大幅下降，将维持在一个相对稳定的规模。

四是高价值、分散性、小批量、时效性货运需求快速攀升。基于互联网的个性化定制、工业生产由集中式控制向分散式增强型控制转变等新的趋势，物流也将随之呈现“个性化”特点，成为分散性、小批量货运需求快速增长的推手。另一方面，人民群众消费水平的提高将诱发更多的消费品需求，促进小批量、多批次、高价值货物运输需求量的增长，以及对更快速、更便捷、更准时物流配送的需求，并推动航空、公路等货运需求增长；高附加值和轻型化产品比例明显增大，单位运输量的货物价值远超过大宗货类，货类变化将促使集装箱及快递运输量持续增长。

2. 典型货类运输量将出现不同发展趋势

我国不同运输方式干线运输货类构成及大宗货物运输占比见表3-2。不同种类的大宗货物运输量在各种运输方式中所占比例不同，铁路承担的大宗货类运输占铁路完成货运量的90%以上，高速公路承担的大宗货类运输量占高速公路货运量的52.6%❶。

我国不同运输方式干线运输货类构成及大宗货物运输占比　　表3-2

序号	货　类	大宗货物运输占比（%）		
		铁路	内河及沿海运输	高速公路
1	煤炭及制品	61.39	25.38	8.19
2	石油、天然气及制品	3.5	5.4	4.8
3	金属矿石	10.79	8.83	0.96
4	钢铁和有色金属	5.66	5.23	12.73
5	矿物性建筑材料	3.58	21.83	13.76
6	水泥	0.92	3.72	3.94

❶长安大学运输科学研究院. 2017中国高速公路运输量统计调查分析报告[M]. 北京：人民交通出版社股份有限公司，2018.

续上表

序号	货类	大宗货物运输占比（%）		
		铁路	内河及沿海运输	高速公路
7	非金属矿石	2.26	2.34	3.47
8	木材	0.63	0.18	2.07
9	粮食	2.77	1.97	2.68
10	化肥和农药	2.2	0.24	0.94
11	盐	0.39	0.11	0.16
12	机械设备、电器	0.17	1.05	7.09
13	化工原料及制品	1.31	1.74	6.08
14	轻工、医药产品	0.6	0.87	17.39
15	农、林、牧、渔业产品	0.1	0.28	8.52
16	其他货类	3.63	20.83	7.22
17	合计	100	100	100
货类1~9合计		91.5	74.88	52.6

参照目前干线运输货类的构成，典型货类运输量分别占到铁路运输量的85%、公路运输量的60%和水路运输量的50%左右。因此，需要重点分析煤炭、钢铁及冶炼物资、建材粮食、集装箱、快递等几大货类的运输需求变化趋势。

（1）煤炭运输将呈现短期平稳，中长期显著下降趋势。

现状：我国煤炭生产量和消费量在2013年均达历史最高峰，分别为39.75亿t和42.44亿t。受到国家宏观经济结构调整、钢铁等耗煤产业产能过剩、节能减排政策约束等因素的影响，煤炭生产量和消费量呈下滑趋势。2018年，全国铁路煤炭运量为21.76亿t，其中铁路完成14.32亿t，占比65.8%；大秦线完成4.21亿t，占19.3%；侯月线完成3260万t，占比1.5%。

生产消费布局：伴随我国经济转型升级加快，煤炭消费格局将发生一定的变化。沿海的经济发达区域，其经济转型将先于中西部区域完成，对于煤炭的需求强度将下降；产业转移带来的中部和西部区域对煤炭的需求将在一定程度上增加，从而对我国目前“北煤南运”产生一定的影响。

未来预测：综合不同机构研究结果，我国煤炭生产量和消费量在资源环境约束下已进入峰值平台期。预计到2030年，我国煤炭产量为30亿~

35 亿 t（21 亿 ~24.5 亿 tce），到 2050 年下降到 10 亿 ~15 亿 t（7.1 亿 ~10.6 亿 tce）。

（2）以钢铁为代表的冶炼物资运输量将呈现稳步下降趋势。

现状：2018 年，我国钢铁产能大体上在 11 亿 t 左右。2018 年，我国粗钢产量 9.28 亿 t，产能利用率约 80%，占世界总产量的近 50%，连续 20 年位居世界第一位；人均粗钢产量 592kg，是世界平均水平的 2.6 倍；人均粗钢消费量 549kg，是世界平均水平的 2.3 倍。

生产消费布局：从产量看，2018 年，华北地区钢铁产量 3.2 亿 t，占全国总产量的 30%；华东地区的钢铁产量 2.9 亿 t，与华北地区相当；东北地区钢铁产量 0.84 亿 t，占全国总产量的 7.7%，且主要集中在辽宁省。从消费分布看，2018 年我国东部沿海地区粗钢消费量 4.95 亿 t，占全国消费总量的 64%；中部地区粗钢消费 1.81 亿 t，占全国消费总量的 23%；西南地区粗钢消费 0.58 亿 t，占全国消费总量的 7.6%；西北地区粗钢消费 0.3 亿 t，占全国消费总量的 4.1%。东部沿海地区钢材消费强度较大，中部、西南和西北地区的钢材消费强度依次下降，与我国各地区的经济梯度明显相关❶。

未来预测：预计到 2030 年，我国全社会粗钢年产量维持在 6.5 亿 ~7.5 亿 t；到 2050 年，我国全社会粗钢年产量在 3.2 亿 ~4.5 亿 t。综合粗钢产量与钢铁及冶炼物资运输量相关关系，以及回收废旧钢铁重新炼钢等因素，预计到 2030 年我国钢铁产业相关的产成品和铁矿石等原材料运输量为 20 亿 ~25 亿 t，到 2050 年我国钢铁产业相关的产成品和铁矿石等原材料运输量为 15 亿 ~20 亿 t。

（3）水泥和玻璃等建筑材料运输量呈下降趋势，但木材运输量将略有上升。

现状：2018 年，我国水泥实际产能达到 22 亿 t，平板玻璃产量 8.6 亿重量箱，木材总量 8810 万 m^3。

生产消费布局：由于矿物性建筑材料的运输需求主要集中在矿藏地与建材生产企业之间，货物价值低，运价承受能力也低，因此一般运输距离较短，针对此类材料的运输，公路和铁路呈现明显的竞争格局，在有铁路

❶张艳飞. 中国钢铁产业区域布局调整研究[D]. 北京：中国地质科学院，2014.

专用线或矿藏地距建材生产企业较远情况下，铁路具有明显优势，其余主要由公路方式运输。2018年统计数据显示，铁路运输矿物性建筑材料平均运距仅有323km，且75%的运量为省内运输。目前，我国木材消费的一半以上来自进口，进口木材消费主要集中在江苏省。2018年，江苏省原木进口量占全国原木进口总量的43%。其次是山东、黑龙江、内蒙古和福建。进口木材消费地主要为沿海省份和我国传统木材产地，销往沿海地区的木材主要由公路方式进行疏港运输，销往传统木材产区的货物则由公路和铁路方式分担完成。国内主要木材产地为黑龙江北部、内蒙古东北部地区和广西地区，部分木材就地加工，运输距离较短并主要由公路方式完成，小部分由铁路方式分担。木材的较长距离调运则以铁路调运方式为主，小部分由公路方式分担。2018年，我国铁路木材发送量2604万t，其中哈尔滨铁路局木材发送量达1714万t，南宁铁路局木材发送量为421万t，两地区木材发送量共占全国木材发送量的83%。水泥的物理性质决定其不适合较长距离运输和较长时间保存，且由于生产布局分散，产品流通半径仅有数百千米，部分沿江布局水泥企业可以依托内河水道进行长距离调运。但我国绝大部分水泥依靠公路方式进行运输，铁路水泥运输量近些年呈下降趋势。

未来预测：预计我国水泥需求将快速回落，到2030年需求将回落至18亿t；2050年水泥生产量将维持在8亿t左右。平板玻璃产量需求略有下降，2050年下降到6亿重量箱。木材的需求略微上涨，2050年达到1.2亿m^3左右。

（4）粮食运输总量变化不大，运输方式将会持续优化。

现状：2018年，我国粮食总产量为6.57亿t，全年谷物产量6.1亿t，国内粮食消费量约7.9亿t。

生产消费布局：我国粮食消费区与粮食产区具有较大的错位，并且随着东南沿海工业化城镇化的加快推进，粮食播种面积不断减少，粮食生产地域呈现由南往北转移的发展趋势。2018年，我国13个粮食主产省（自治区），包括黑龙江、辽宁、吉林、内蒙古、河北、江苏、安徽、江西、山东、河南、湖北、湖南、四川的粮食产量为4.9亿t，占全国粮食总产量的77.3%；粮食主销区7省（直辖市），包括北京、天津、上海、浙江、福建、广东和海南，多数是人口密集区。

运输完成情况：2018年，我国粮食及农用物资铁路发送量排名前十位的省（自治区、直辖市）包括黑龙江、河南、吉林、山西、湖北、山东、内蒙古、云南、安徽、河北，占全国铁路发送量的70.2%。排名前三位的黑龙江、河南和吉林均是我国最为重要的粮食生产基地，其余省（自治区、直辖市）也多是粮食产量较大地区，而山西、湖北、云南等省（自治区、直辖市）是重要的化肥产地。2000年以来我国粮食的铁路运输量一直稳定在1亿t左右，2014年粮食铁路运量出现严重下滑，降至2015年的5590万t、2018年的5732万t，原因是2013年粮食收储制度和进出口情况变化导致长距离秋粮调运需求骤降。此外，我国铁路农用化肥及农药货运量在2008—2018年基本稳定在8000万t左右。

需求预测：预计我国2030年和2050年粮食年产量仍旧在6亿~6.5亿t，粮食年消费量在7.5亿t左右，全社会粮食运输量与当前水平相近，但受公路治超、多式联运和绿色交通政策等影响，铁路承担的粮食运输量较当前水平应有所提高。

（5）集装箱运输量将会迎来持续增长。

现状：集装箱运输是一种高效率、高效益、高协作的运输方式，适合组织多式联运。适箱货范围较广，一般包括机械设备、电器、仪器、化工制品、烟酒食品、轻工产品、小型机械、玻璃陶瓷、工艺品、印刷品及纸张、医药、烟酒食品、日用、化工品、针纺织品和小五金等杂货，这些货物相对于大宗货物具有质量小、价值高、占用空间大等特点。经济转型和供给侧结构性改革使工业产成品，尤其是高附加值产品货运需求依然旺盛。从批发商品销售额增速来看，医药、金属制品、通用设备、电气机械和器材、电子设备等与耐用消费品强相关的行业仍保持高位运行态势；农副食品、烟酒茶、纺织服装行业等也基本保持中高速增长，这与煤炭、金属及矿产品等大宗货类相关的行业相继步入负增长的情况形成鲜明对比。另外，这些物品基本都属于适箱货，其量的增长可以有力地促进集装箱运输需求的稳定增长。

运输组织格局：集装箱运输与制造业及外贸进出口发展密切相关。自2003年后，我国部分制造业呈现“北上西进”的特征，产业梯度转移的趋势逐渐显现，如食品轻纺、电子信息产业、非金属矿物制品产业、机械制造业等行业向中、西部地区转移的趋势较为明显。但是，我国制造业仍主要集聚在东部沿海地区，区域间大规模的产业转移现象并未出现。伴随全方位对外开放格局的构建和区域联动协调发展，我国制造业和对外开放格局向内陆省份延伸的趋势将进一步使得我国集装箱多式联运发挥更大的作用。

运输完成情况：2011—2018 年，我国铁路、公路、水路集装箱运输完成情况见表 3-3。其中，铁路集装箱运量从 489 万 TEU[1] 增长至 1183 万 TEU，发送货物由 8802 万 t 增长至 2.13 亿 t，年均增速为 8.9%。尤其是在 2016 年铁路实行货运组织深化改革后，铁路集装箱运量出现迅猛增长，同比增长 40.3%。2018 年，我国铁路集装箱运量仅铁路货运量的 5.4%，而欧美国家铁路集装箱运量占铁路货运量比例都在 30%～40%。因此，我国的铁路集装箱运输还有很大的上升空间。

2011—2018 年我国集装箱运输完成情况 表 3-3

年份（年）	铁路运输		公路运输		水路运输	
	集装箱运量（万 TEU）	发货量（万 t）	集装箱运量（万 TEU）	发货量（万 t）	集装箱运量（万 TEU）	发货量（万 t）
2011	489	8802	6453	74402	4252	51801
2012	471	8483	6968	82681	4603	54805
2013	441	7938	6980	83067	4912	57615
2014	445	8017	7117	84623	5241	63996
2015	535	9635	7201	87025	5170	64869
2016	751	13523	7133	90566	5735	67420
2017	967	17415	7065	127281	6300	113442
2018	1183	21302	6997	126011	6865	123634
年均增长率（%）	13.5	13.5	1.2	7.8	7.1	13.2

行业发展趋势：根据当前制造业、外向型经济总体布局的结构特点及未来发展趋势，预计我国未来集装箱运输需求仍将主要集中在京津冀、长三角、珠三角等三大经济圈以及重庆、四川、河南、湖北等内陆开放高地，在此基础上向三大经济圈周边省份拓展。此外，连云港、上海、宁波、厦门、深圳等沿海港口的集装箱铁水联运需求、公水联运需求，以及新疆、甘肃等地的国际集装箱铁路联运需求将会快速增加。

运输需求预测：目前，我国集装箱运量仅占适箱货总运量的 20% 左

[1] 国际计量单位：长度为 20 英尺（ft）的集装箱，也称国际标准箱单位（TEU）。1ft = 0.3048m。

右，而发达国家件杂货运输的集装箱化程度已超过80%。预计随着我国产业结构的进一步调整以及不同运输方式“中间一公里”的打通，适箱货的集装化率将有较大提升。预计2030年，伴随全社会货物集装化程度的提高、铁路市场化改革的深化和集装箱运输业务的进一步成熟，铁路集装箱货运量占铁路总货运量比例约为20%，即9亿~10亿t；2050年铁路集装箱货运量占铁路总货运量的比例将达30%，则铁路集装箱货运量可达20亿~22亿t。公路集装箱随着适箱货的进一步集装箱化，公路集装箱发送量仍将有所增长，预计2030年和2050年分别达到2亿TEU和3亿TEU；若按每标准箱为18t计算，则集装箱货运量分别为36亿t和54亿t。水路集装箱发送量未来将继续增长，预计2030年和2050年将分别达到0.9亿TEU和1.2亿TEU，集箱货运量分别为16.2亿t和21.6亿t。

（6）快递运输量将快速稳定增长。

现状：我国网上零售交易总额由2003年的39.1亿元增长至2018年的9万亿元，同比增长几千倍。我国网上零售交易总额占全社会消费品零售总额的比例由2003年的0.1%上升至2018年的18.4%。

国内生产消费布局：自2003年后，我国部分制造业呈现“北上西进”特征，产业梯度转移逐渐显现，特别是食品轻纺、电子信息产业等行业。当前，全国已经形成涵盖航天、汽车、电子、制药、服装等多个领域的服务制造业试验群，加快了快递服务制造业的发展进程。

运输组织格局：近年来，我国快递业实现持续高速增长。截至2018年，已形成7家年收入超250亿元、8家年收入超100亿元的快递企业。2012—2018年，全国快递服务营业网点从6.4万个增至25.6万个，县级网点覆盖率达95%以上，乡镇网点覆盖率提升至80%，快递网络向中西部地区、中小城市及县域乡镇加快延伸。全国建成快件分拣中心逾千个。快递专用货机从19架增至71架，其中3家快递企业拥有自主航空机队，航空快件占国内货邮吞吐量的比例超过50%。在高速铁路运送快件和电商快递班列方面取得突破，快递干线车辆从7万辆增至19万辆。

运输完成情况：2007—2018年，我国快递业务量由12亿件增长至506亿件，年均增速达43.6%。2018年我国快递业务量约占全球快递业务总量的42%，位居世界第一，我国成为名副其实的“快递大国”。2018年，我国快递日均服务用户超过 1.3 亿人次，人均快递使用量达 18 件。

行业发展趋势：虽然多年高速增长的快递业在 2016 年出现增速回落，但我国消费市场规模仍以年均 10% 的速度增长，居全球之首。未来，随着国家继续协同推进新型工业化、信息化、城镇化和农业现代化，快递行业的超大规模内需潜力将被不断释放，我国快递行业仍将持续高速发展，快递需求仍将保持旺盛态势。

运输需求预测：我国快递业务量仍有很大增长空间。预计我国 2020—2030 年平均年增速为 15% 左右。预计我国 2030 年快递量将突破 2000 亿件，2045 年快递量将达到 2018 年的 19.6 倍。

我国典型货类运输量预测见表 3-4。

二 旅客运输需求快速增加，但增长存在天花板

1. 客运需求增长率将随城镇化速度减缓而有所下降

城镇化阶段客运需求总量增长曲线与城镇化发展进程曲线类似，大致表现为一条倒 U 形曲线，如图 3-3 所示。这表明：在城镇化初期阶段，客运需求具有总量水平和增长率“双低”特征；在城镇化中期阶段同时也是快速城镇化阶段，客运需求总量水平和增长率具有“双高”特征；在城镇化后期，客运需求则呈现出“总量高，增速低”的特征。

2018 年，我国 GDP 为 90 万亿元人民币，三次产业结构比例为 7.1∶40.7∶52.2，城镇化水平达到 59.5%，处于城镇化中期阶段。预计到 2030 年，城镇化水平预计达到 65% 左右，我国处于工业化和城镇化中期向中后期发展的过渡期，客运需求将呈现中高速增长。2030—2050 年，我国城镇化发展将逐步成熟，2050 年城镇化率为 72% 左右，我国客运需求增长率将随城镇化速度减缓而有所下降。

2. 分方式城际客运需求将差异化发展

在铁路、公路、民航三种主要的城际客运方式中，民航旅客运输量增长速度最快，铁路运输次之，公路运输最慢。其中，公路运输方面尽管小汽车运输量略有增长，但受营业性公路客运量下行影响，公路客运量增速低于民航和铁路；受铁路平均运距下降影响，铁路旅客周转量增速低于客运量增长速度；而民航的平均运距持续增长，民航旅客周转量增速高于客运量增速，主要特点如下。

我国典型货类运输量预测

表 3-4

典型货类		产量			铁路		主要运输方式中铁路运输占比（%）		主要产地	未来主要需求地	运输距离（km）
		2018 年	2030 年	2050 年	2015 年	2050 年	现状	2050 年			
煤炭及制品		36.5 亿 t	30 亿～35 亿 t	10 亿～15 亿 t	21.76 亿 t	3 亿～5 亿 t	70	85	山西、内蒙古等	中部、西部	>500
冶炼物资——钢铁		11 亿 t	6.5 亿～7.5 亿 t	3.2 亿～4.5 亿 t	35 亿 t	15 亿～20 亿 t	5	50	华北、华东、东北	全国	>500
建筑材料	水泥	22 亿 t	18 亿 t	8 亿 t	—	—	—	—	全国	全国	312
	玻璃	8.6 亿重量箱	7 亿重量箱	6 亿重量箱	—	—	—	—	全国	全国	—
	木材	0.9 亿 m^3	1 亿 m^3	1.2 亿 m^3	0.24 亿 m^3	0.5 亿 m^3	—	10	进口、东北、西南	全国	>500
粮食		6.57 亿 t	6.5 亿 t	7 亿 t	1 亿 t	1.5 亿 t	70	90	全国	全国	>200
集装箱运输		27 亿 t	39 亿 t	54 亿 t	2.13 亿 t	21.6 亿 t	15	40	全国	全国	>300
快递		500 亿件	800 亿件	1300 亿件	—	—	2	40	全国	全国	>500

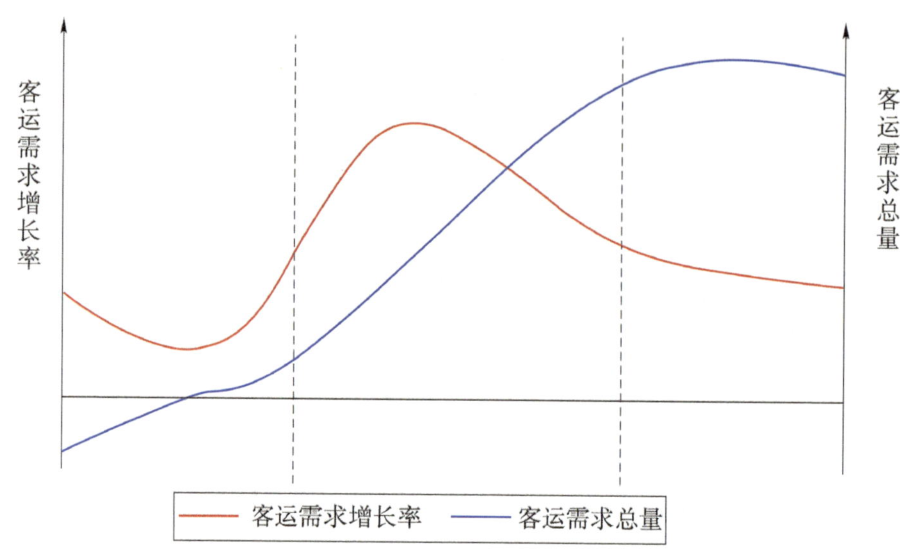

图 3-3 城镇化阶段客运需求总量与增长率变化曲线

一是旅客运输总量增速将逐渐趋缓。客运需求发展规律表明，当人均出行次数达到一定水平之后，由于公众对外出行的欲望受到时间和经济成本的约束，便会处于基本稳定阶段，人均客运需求存在一个“天花板”。预计我国人口规模将于2030年左右达到峰值。在城镇化进入中后期、人均客运需求“天花板”和人口规模达到“峰值”因素的影响下，自2030年起，我国客运需求进入增速趋缓阶段。同时，由于交通工具技术水平和运输速度的不断提升，旅客出行的平均距离将有较大增长。

二是主要城市群间出行次数将逐步增加。城市群建设将使得各城市间的联系更加紧密。根据《中华人民共和国国民经济和社会发展第十四个五年规划和2035年远景目标纲要》，未来我国将全面形成“两横三纵”城镇化战略格局，城市群将成为我国城镇化发展的重要形态。同时，随着区域经济一体化进程的推进，以及东部产业逐渐向中西部梯度转移、交通基础设施网络不断完善等相关因素影响，主要城市群之间的经济、社会联系将进一步增强，主要城市群之间的出行在全国客运格局中所占的比例也将不断提高。

我国城际旅客周转量预测结果见表3-5。

我国城际旅客周转量预测结果（万亿人·km）　　表 3-5

运输方式	年份（年）	基准情景	强化减排情景	2℃情景	1. 5℃情景
铁路	2025	1. 87	1. 85	1. 84	1. 85
	2030	2. 22	2. 20	2. 18	2. 20
	2035	2. 39	2. 37	2. 41	2. 41
	2040	2. 51	2. 50	2. 53	2. 50
	2045	2. 38	2. 46	2. 48	2. 49
	2050	2. 27	2. 35	2. 37	2. 37
公路	2025	1. 94	1. 87	1. 86	1. 87
	2030	2. 24	2. 11	2. 09	2. 11
	2035	2. 35	2. 16	2. 02	2. 02
	2040	2. 40	2. 14	1. 99	1. 96
	2045	2. 22	1. 99	1. 82	1. 81
	2050	2. 05	1. 80	1. 62	1. 59
水路	2025	0. 02	0. 02	0. 02	0. 02
	2030	0. 02	0. 02	0. 02	0. 02
	2035	0. 02	0. 02	0. 02	0. 02
	2040	0. 02	0. 02	0. 02	0. 02
	2045	0. 02	0. 02	0. 02	0. 02
	2050	0. 02	0. 02	0. 02	0. 02
航空	2025	1. 07	1. 08	1. 08	1. 08
	2030	1. 28	1. 29	1. 29	1. 29
	2035	1. 39	1. 39	1. 43	1. 38
	2040	1. 46	1. 46	1. 51	1. 44
	2045	1. 40	1. 44	1. 48	1. 44
	2050	1. 34	1. 38	1. 42	1. 37
总量	2025	4. 90	4. 82	4. 80	4. 82
	2030	5. 76	5. 62	5. 58	5. 62
	2035	6. 14	5. 94	5. 88	5. 83
	2040	6. 40	6. 12	6. 05	5. 92
	2045	6. 02	5. 91	5. 81	5. 75
	2050	5. 67	5. 54	5. 42	5. 34

三是商务出行比例有所下降，旅游休闲目的客运比例增加。高德导航统计数据显示，在2019年全国跨城小汽车出行中，目的地为公司工业园区、政府机构等生产性出行需求约占38%，目的地为综合医院、学校等基本生活出行需求约占33%，目的地为风景名胜区等旅游休闲出行需求约占29%。根据美国和英国的经验，未来生产性出行比例将基本稳定在30%左右，相比之下我国生产性出行需求的比例仍然偏高，旅游休闲出行的潜力尚未得到充分释放。随着交通基础设施的完善、人民生活水平的提高、空闲时间和可支配收入的增加，旅游、休闲、会友等娱乐性出行需求将进一步增加且比例逐步提升；另外，由于人们观念的改变及人口城镇化的深入推进，转化为城市居民的流动人口客运出行将逐步减少，每年大规模的农民工“候鸟迁徙”状态将得到缓解；人口随季节迁徙的“新候鸟经济”现象，将导致形成冬季向南、夏季向北的季节性大客流。

3. 城市客运将呈现多元化化发展趋势

城市客运需求将持续增加，出行消费倾向更高质量方式。一方面，随着城镇化推进和经济增长，城市出行的需求将持续增加；另一方面，人们的出行消费倾向于选择更快速、更舒适、更自由的高质量方式。汽车能提供独立空间、实现自由选线，在短距离出行更为快速、便捷，且自动驾驶、共享汽车等新技术、新模式的发展将使小汽车出行更具吸引力。

公共交通在不同层级城市将呈现不同的发展趋势。在一线、二线城市等人口密度较大的城市，随着公共交通基础设施的完善、响应型公共交通为代表的新模式涌现以及节能低碳、绿色环保的等绿色出行方式普及，居民出行将更多地使用公共交通。另一方面，人口密度相对较低的城市，传统的大容量公共交通无法灵活满足分散出行的需求，公共交通需求将进一步下降。

我国城市客运量预测结果见表3-6。

我国城市客运量预测结果（亿人次）　　表3-6

运输方式	年份（年）	基准情景	强化减排情景	2℃情景	1.5℃情景
城市轨道交通	2025	164	159	157	157
	2030	184	178	174	174
	2035	197	188	190	194
	2040	211	198	199	202
	2045	224	208	212	216
	2050	238	218	229	240

续上表

运输方式	年份（年）	基准情景	强化减排情景	2℃情景	1.5℃情景
城市公共汽电车	2025	897	881	881	881
	2030	1017	991	991	991
	2035	1102	1059	1098	1098
	2040	1189	1127	1163	1163
	2045	1277	1195	1228	1228
	2050	1366	1264	1294	1294
出租汽车	2025	457	392	392	392
	2030	508	436	436	436
	2035	540	479	479	479
	2040	571	499	509	509
	2045	602	519	524	524
	2050	631	537	538	538
私人小汽车	2025	629	583	583	583
	2030	693	628	628	628
	2035	729	642	606	606
	2040	764	655	600	600
	2045	797	665	593	593
	2050	828	673	584	584
客运轮渡	2025	1.10	0.90	0.90	0.90
	2030	1.20	1.00	0.90	0.90
	2035	1.20	0.90	0.80	0.79
	2040	1.20	0.90	0.80	0.78
	2045	1.20	0.90	0.70	0.68
	2050	1.20	0.80	0.60	0.58
总量	2025	2367	2221	2173	2173
	2030	2613	2414	2358	2358
	2035	2763	2537	2483	2427
	2040	2913	2613	2555	2496
	2045	3063	2711	2628	2541
	2050	3213	2809	2697	2574

第二节 不同情景下交通运输碳排放结果分析

一 需采取强有力的政策和手段保障交通运输“达峰”

随着经济社会的快速发展，工业化和城镇化进程加快，全国交通运输 CO_2 排放总量呈快速增长趋势，必须要采取强有力的政策和手段，才有可能在2030年前后达峰。从四种情景对比分析来看，采取强化减排情景，2035年交通运输 CO_2 排放峰值比基准情景峰值下降11.9%，采取2℃情景、1.5℃情景，2030年交通运输 CO_2 排放峰值比基准情景峰值下降14.4%。

2020—2050年交通运输行业 CO_2 排放情景结果如图3-4所示。

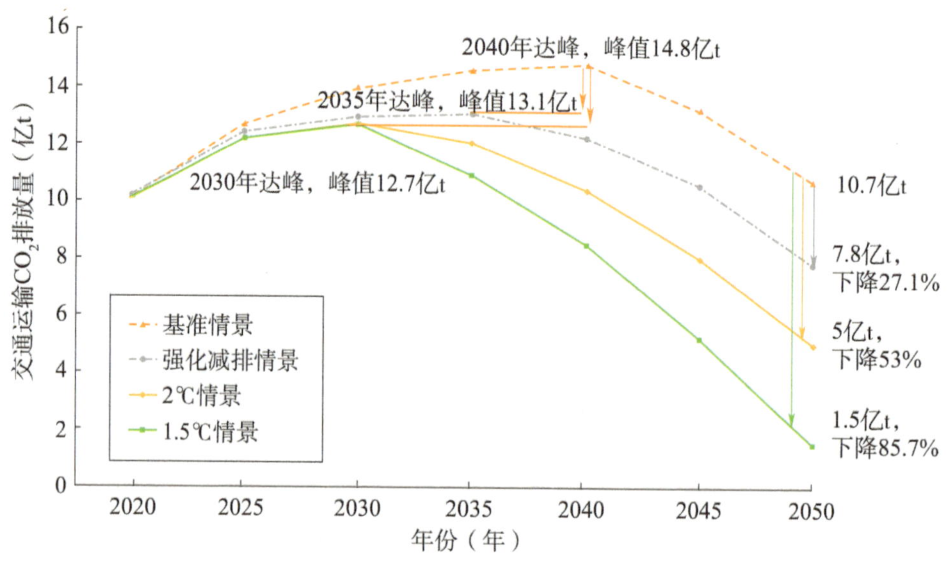

图3-4 2020—2050年交通运输行业 CO_2 排放情景结果

基准情景下，交通运输 CO_2 排放总量持续增加，2030年达到14亿t，2040年达到峰值14.8亿t，2050年下降到10.7亿t。

强化减排情景下，随着交通运输装备结构的优化、技术的发展以及资源的合理配置，交通运输 CO_2 排放总量将呈现先增长后下降的趋势，约在

2035 年左右达峰，CO_2 排放峰值为 13.1 亿 t；2050 下降到 7.8 亿 t，相比与基准情景下降 27.1%。

2℃情景下，强化综合交通运输枢纽衔接协调，加强区域和城乡交通一体化，提升交通运行效率；加强"互联网 + 交通运输"应用，推进智能交通建设；优化运输结构，合理配置铁路、公路、水路和民航客货运输；改善运输工具燃料结构；通过采用更为激进的新能源车辆渗透率等措施，交通运输 CO_2 排放总量有望于 2030 年左右达峰，CO_2 峰值排放量为 12.7 亿 t，相比于基准情景峰值下降 14.4%。2050 年 CO_2 排放量下降到 5 亿 t，较基准情景下降 53%。

1.5℃情景下，交通基础设施网络布局持续优化、新能源载运工具大规模普及，自动驾驶成为乘用车的主流，铁路和水路承担绝大部分大宗货物运输，交通运输现代科技在各领域广泛应用，共享交通等新业态新模式不断涌现并大规模应用。交通运输 CO_2 排放总量有望于 2030 年左右能够达峰，峰值排放量为 12.7 亿 t，2050 下降到 1.5 亿 t，较基准情景下降 85.7%。

各种运输方式货物周转量、城际旅客周转量承运比例变化情况分别如图 3-5、图 3-6 所示。

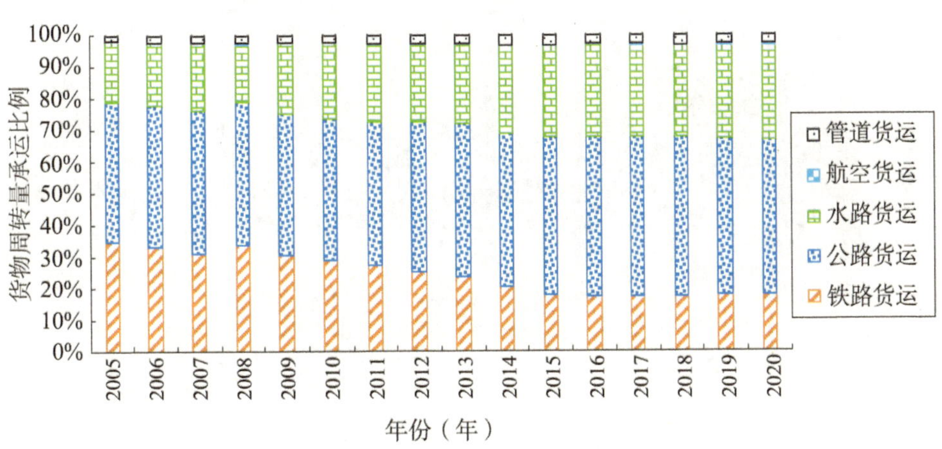

图 3-5　各种运输方式货物周转量承运比例变化情况

二　交通运输依旧以油品为主要能源

交通运输消耗最多的能源品种是柴油、汽油。在基准情景下，交通运输能耗将在2040年达峰，峰值为6.26亿tce。到2020年、2030年、2050年，车辆用油占比分别为84.1%、77.9%、67.8%。电力增幅最大，从2020年的4.3%增加到2050年的17.8%，增长4.1倍，如图3-7所示。

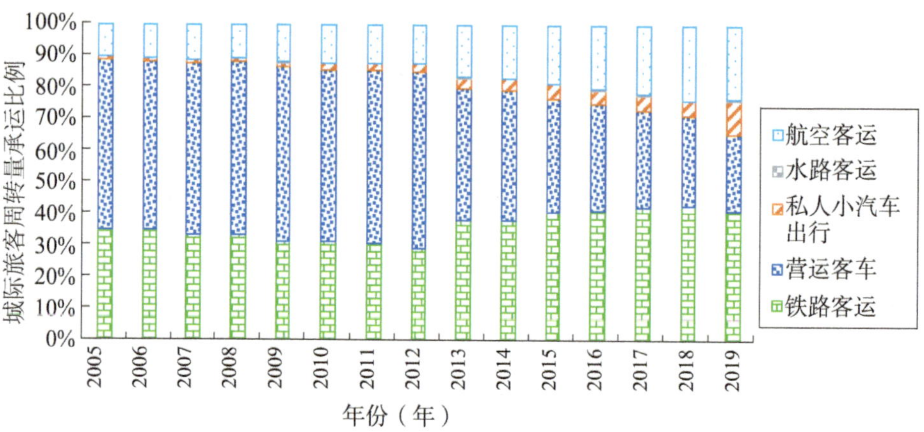

图3-6　各种运输方式城际旅客周转量承运比例变化情况

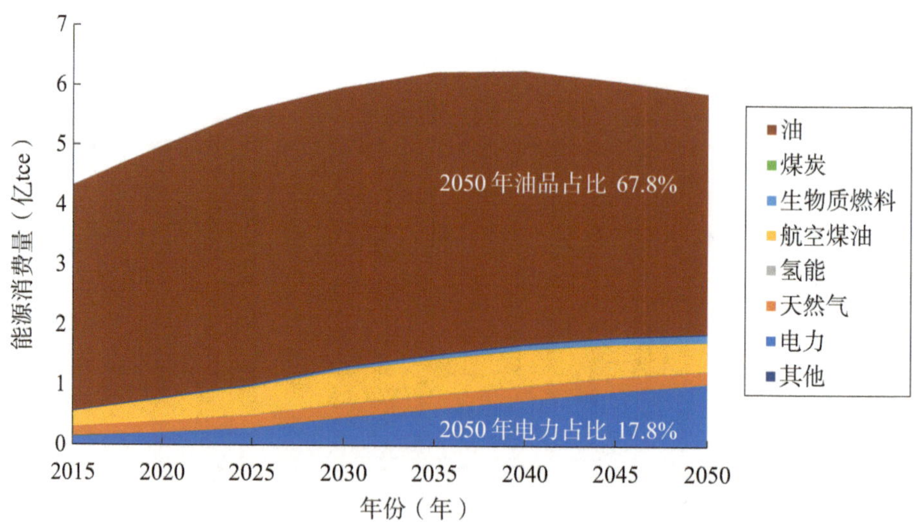

图3-7　基准情景下交通运输能源消费结构变化情况

强化减排情景下，交通运输能耗将在2035年达峰，峰值为5.32亿tce，较政策情景下降15%。车辆用油占比持续下降，从2020年的82.7%下降到2050年的52.3%，下降了30%。同时，受到铁路电气化、车辆电动化的推动，电力占比增长8.7倍，从2020年的4.5%增长到2050年的

30.3%，如图 3-8 所示。

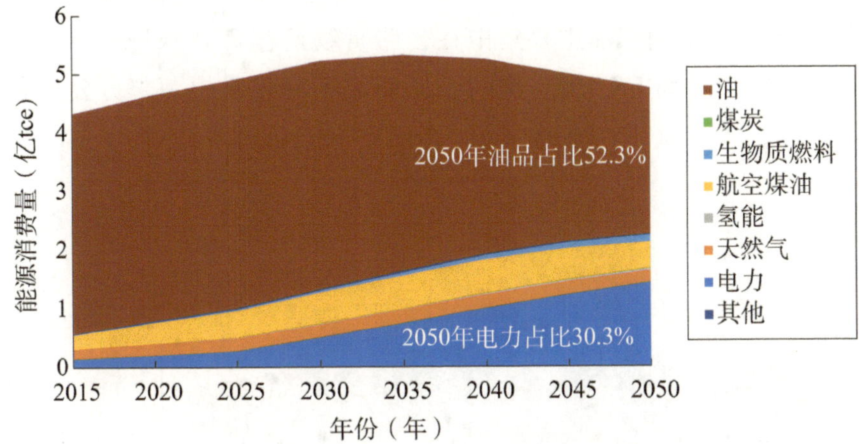

图 3-8　强化减排情景下交通运输能源消费结构

在 2℃情景下，交通运输能耗将在 2030 年达峰，峰值为 5.21 亿 tce，较基准情景下降 16.7%。电力逐步成为主要的能源，电力占比高速增长 12.7 倍，从 2020 年的 4.4% 增长到 2050 年的 44.5%，氢能使用量也有所提升，到 2050 年氢能占比达 1.4%。车辆用油占比高速下降，从 2020 年的 82.5% 下降到 2050 年的 36.2%，下降了 50.6%，如图 3-9 所示。

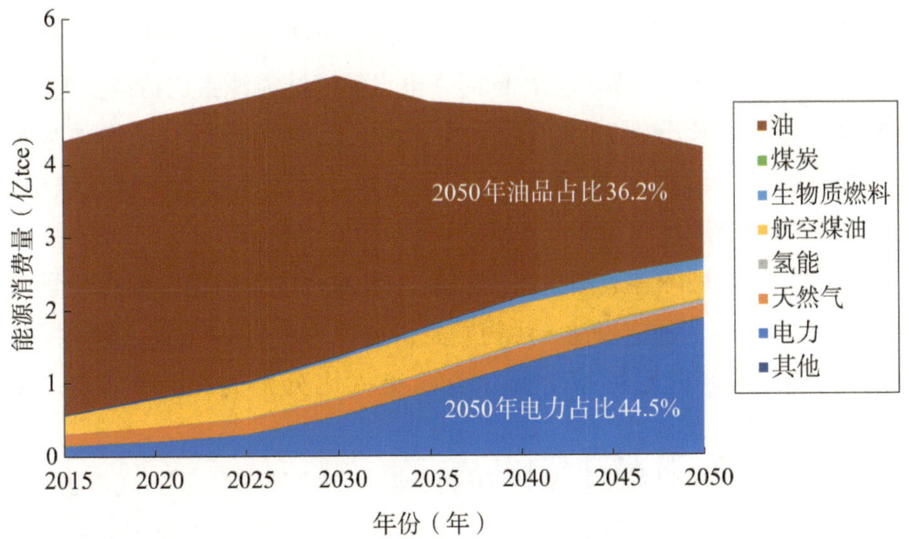

图 3-9　2℃情景下交通运输能源消费结构变化情况

在1.5℃情景下，清洁能源成为最主要能源，电力占比高速增长到2050年的61.8%，生物质燃料占比增加到全部能源的6.7%，占航空能源的60%。车辆用油主要集中在公路货物运输和特殊场景下的长途客运，占比下降到17.3%。同时，氢能源车也将承担一部分公路长途货运、长途客运及内河水路货运，2050年占比达到4.3%，如图3-10所示。

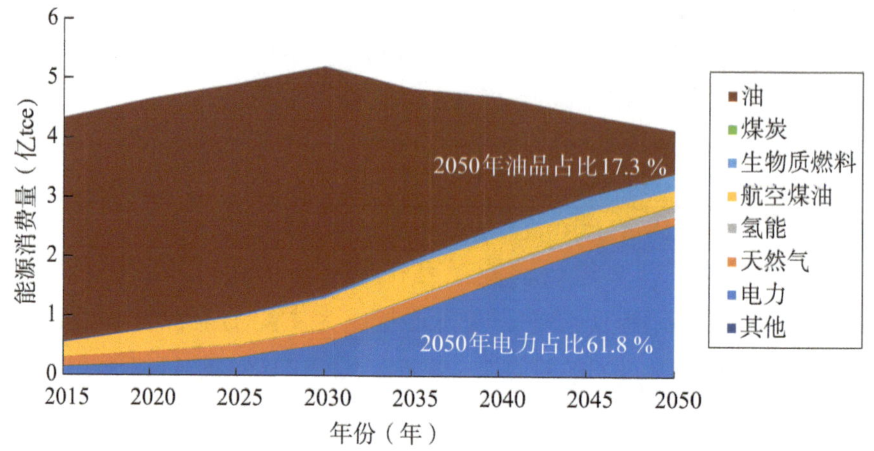

图3-10　1.5℃情景下交通运输能源消费结构变化情况

柴油仍旧是货运最主要的能源，但占比持续下降。在基准情景、强化减排情景、2℃情景和1.5℃情景下，2050年柴油占比分别为80%、68.2%、50.9%和32.2%。与此同时，电力等清洁能源占比持续上升，四种情景下电力占比分别为11.2%、24.7%、41.5%和60.5%。总体来看，清洁能源和新能源运输工具的推广应用将推动货物运输能源消费结构变革，降低碳排放总量和强度。

航空用能是城际客运最主要的能源，且占比较为稳定。四种情景下，2050年航空用能（航空煤油+生物质能）占比均为50%左右。与此同时，电力等清洁能源占比持续上升，2050年占比分别为19.6%、23.2%、27.8%和41.2%。

城市客运能源消费逐步从汽油转向电力。四种情景下，汽油占比从2035年的53.8%、48.2%、40.5%和38.6%，下降到2050年的30%、19.1%、10.7%和3.3%。而2050年四种情景下，电力占比分别达到

49.2%、60.7%、71.9%和85.4%，成为城市客运中最主要的能源消费品种。

三 公路货运碳排放是货运碳排放达峰的主要驱动力

在基准情景下，2030年公路货运碳排放量占全部货运碳排放总量的82.3%，2030年前占比持续增长，2050年占比下降至77.9%。在强化减排情景下，运输结构调整优化是未来货运碳排放总量和强度下降的重点方向。从运输方式来看，公路货运碳排放量是未来行业碳排放增长的重点，占货运能耗的70%以上。不同货物运输方式的碳排放强度存在较大差异，2018年公路运输单位周转量碳排放强度约是铁路（货运）的9～12倍，是内河水运的4倍左右。在保持相同货物周转量的前提下，调整优化综合运输结构和城市空间布局，例如在城市间货运交通中提高铁路和内河水运的比例，都会降低交通运输行业碳排放量。在2℃情景和1.5℃情景下，通过各种运输方式结构调整，继续发挥铁路和水路运输方式的比较优势，在满足货运运输需求的同时，降低能源需求和碳排放量。

四种情景下货运碳排放结构如图3-11～图3-14所示。

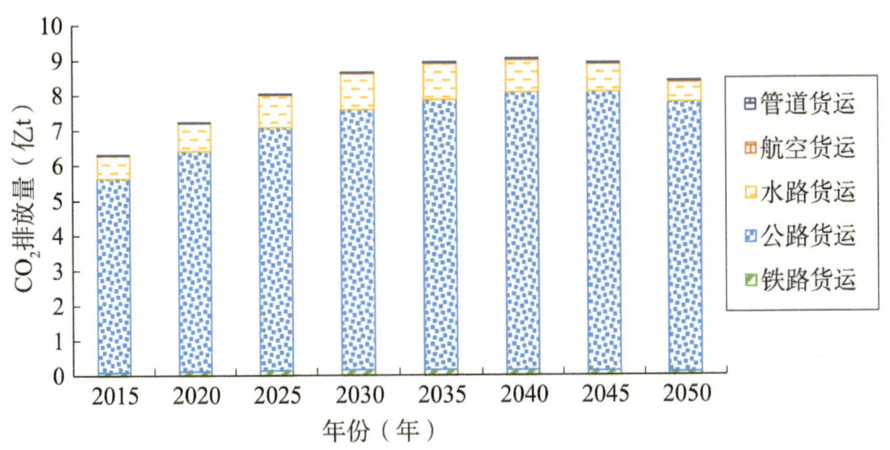

图3-11 基准情景下公路货运碳排放结构变化情况

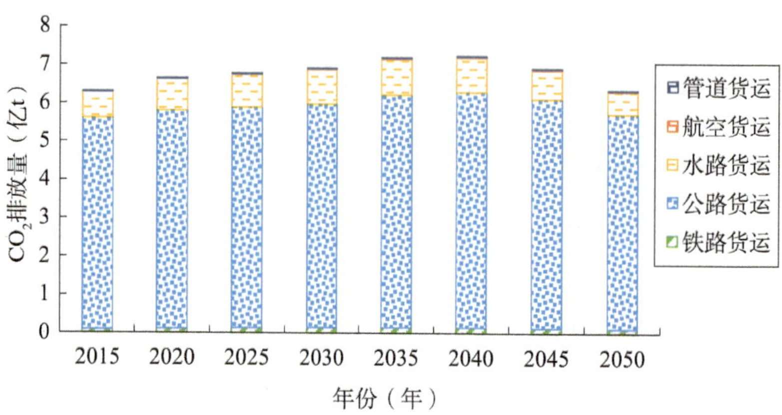

图 3-12　强化减排情景下货运碳排放结构变化情况

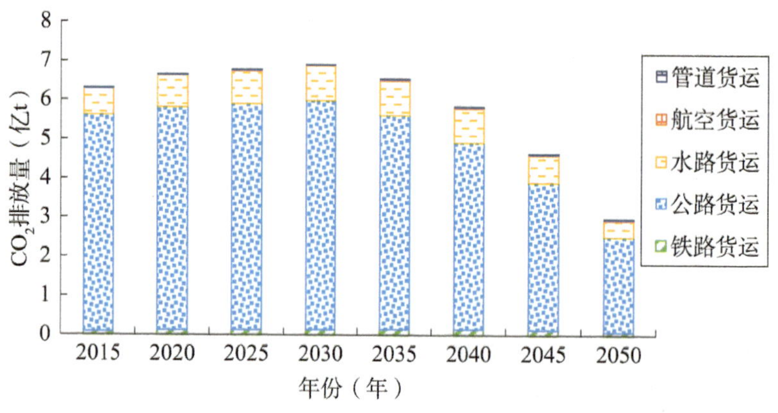

图 3-13　2℃情景下货运碳排放结构变化情况

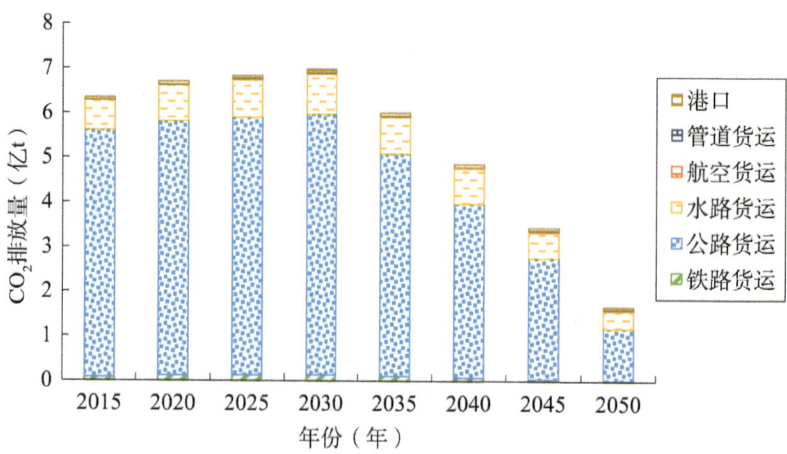

图 3-14　1.5℃情景下货运碳排放结构变化情况

四 航空客运碳排放是城际客运碳排放增长的主要驱动力

基准情景下，城际客运碳排放量将在较长一段时间内保持持续增长，将于2040年左右达峰，峰值为1.9亿t。在工业化、新型城镇化发展背景下，加上我国人口基数较大，对交通运输的需求会越来越大，对交通运输服务水平的要求会越来越高，高端出行比例增加。同时，我国航空客运依然处于快速发展期，与欧美发达国家相比，我国航空客运还有很大的发展空间，因此，城际客运的碳排放量在2045年前保持较高速度的增长，2045年后增长才有所放缓。强化减排情景、2℃情景和1.5℃情景下，随着高速铁路逐步承担更多的城际出行比例，各种运输方式能源利用效率不断提升，尤其是航空领域生物质能的大规模应用（2050年生物质能分别占全部航空能源的15%、30%、60%），城际客运总体碳排放量有所下降。到2050年，强化减排情景、2℃情景和1.5℃情景下的碳排放量将分别比基准情景下降10.4%、38.1%和65.4%。

四种情景下城际客运碳排放构成如图3-15～图3-18所示。

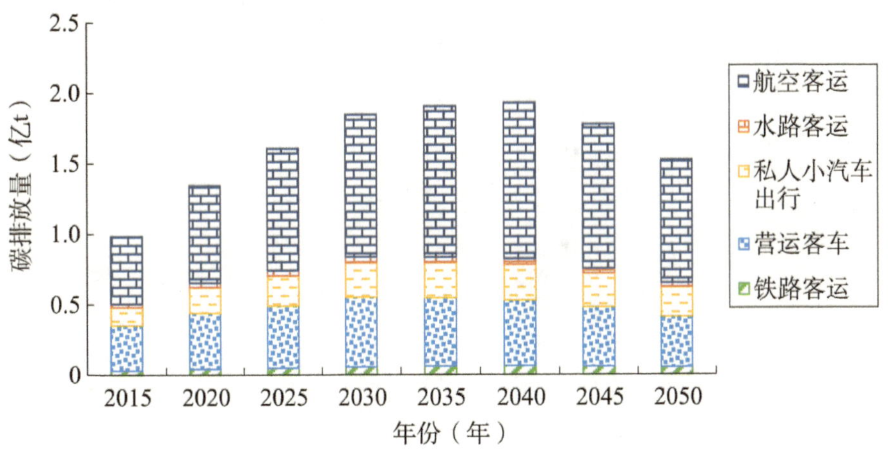

图3-15 基准情景下城际客运碳排放构成

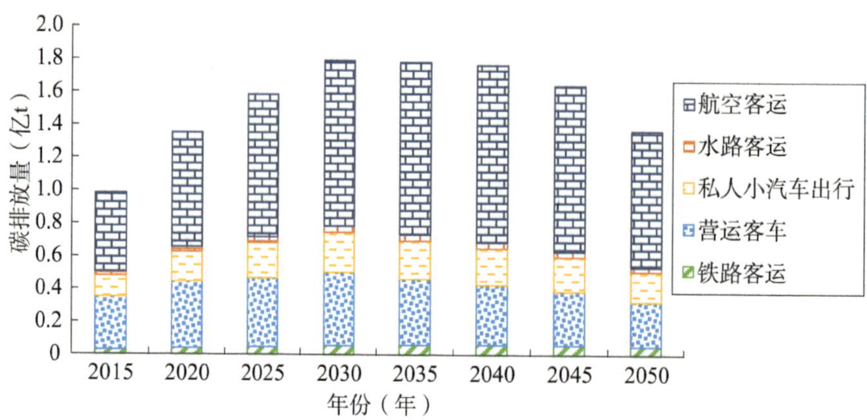

图 3-16　强化减排情景下城际客运碳排放构成

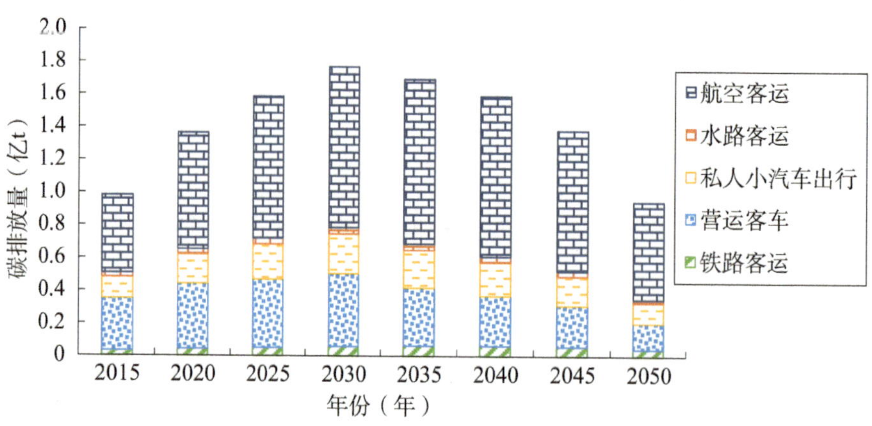

图 3-17　2℃情景下城际客运碳排放构成

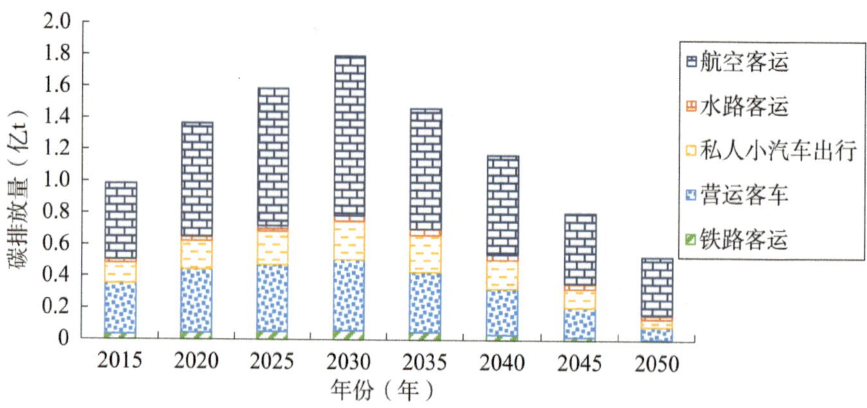

图 3-18　1. 5℃情景下城际客运碳排放构成

五 新能源车占比将会决定城市客运碳排放结构和趋势

在基准情景下，依然按照当前发展方式，到2050年全国城市交通碳排放总量将持续增加，私人小汽车依旧是最主要增长源。在强化减排情景、2℃情景和1.5℃情景下，通过实施优先发展公共交通、控制私人汽车出行比例、推动低碳技术革新和推广新能源车（包括混合动力电动汽车、纯电动汽车、燃料电池电动汽车），2050年强化减排情景、2℃情景和1.5℃情景的碳排放量分别比政策情景碳排放量下降22.6%、40.8%和82.6%。

四种情景下城市客运碳排放构成如图3-19～图3-22所示。

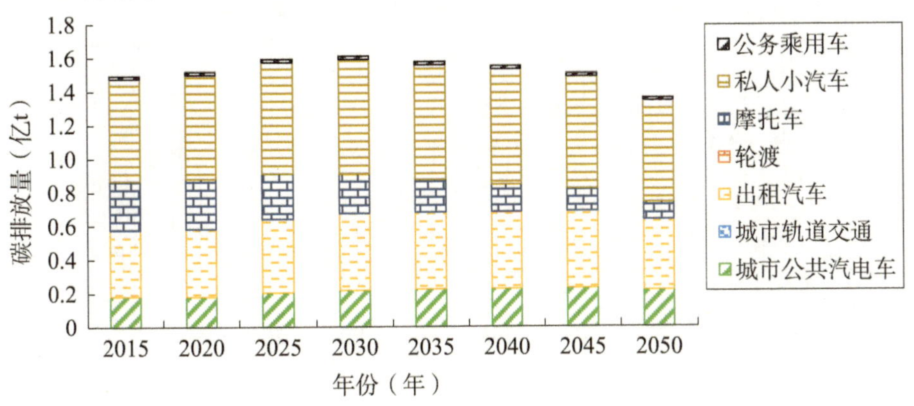

图3-19 基准情景下城市客运碳排放构成

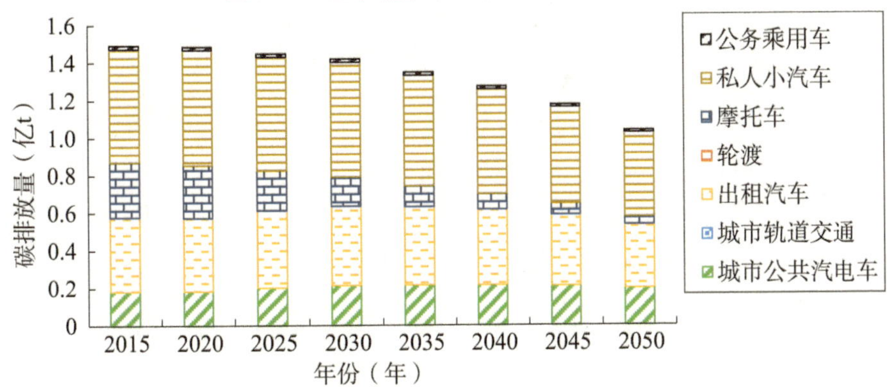

图3-20 强化减排情景下城市客运碳排放构成变化情况

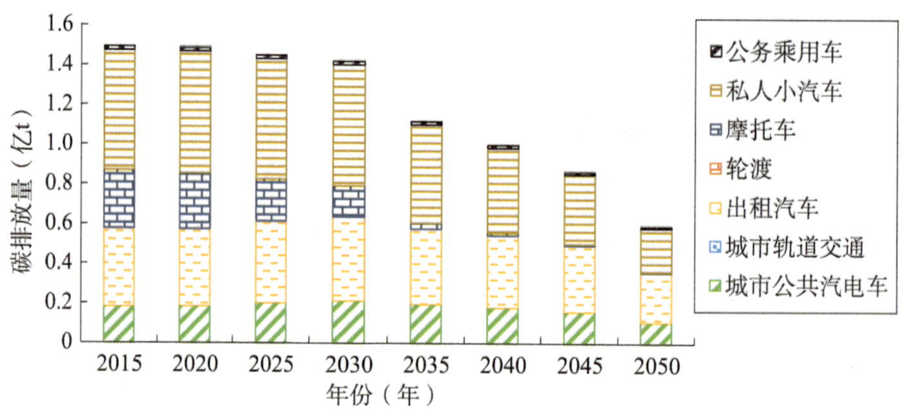

图 3-21　2℃情景下城市客运碳排放构成

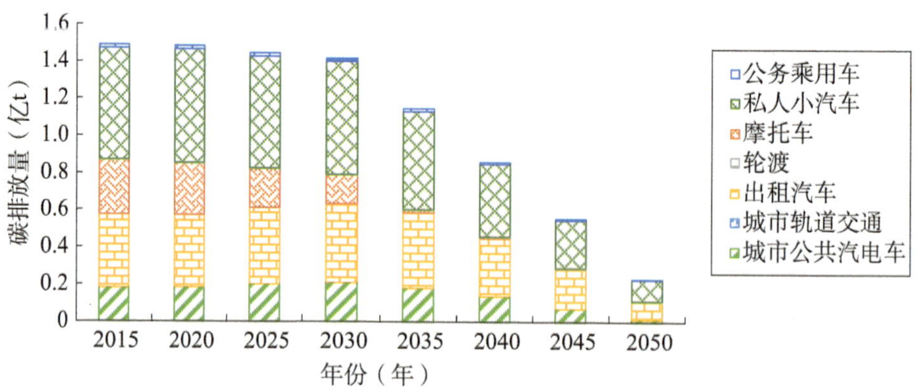

图 3-22　1.5℃情景下城市客运碳排放构成

第四章

交通运输低碳发展战略思路与目标

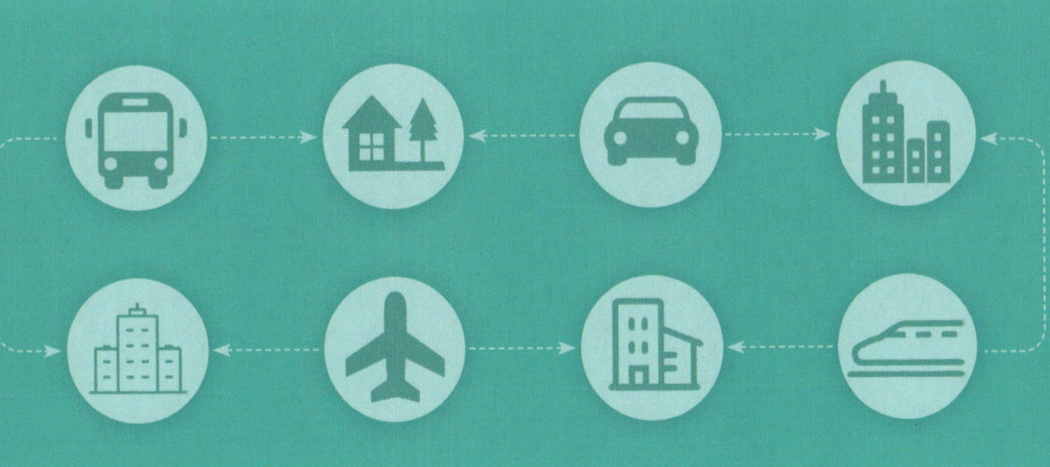

交通运输低碳发展需要谋定而后动，理清思路、明确目标十分重要。本章在全面分析交通运输低碳发展现状与趋势、总结借鉴典型发达国家经验与启示、分析预判未来交通运输碳排放情景的基础上，系统提出了交通运输低碳发展的战略思路、基本原则和战略目标。

第一节 总体思路

以习近平新时代中国特色社会主义思想为指导，深入贯彻党的十九大精神，全面贯彻落实习近平生态文明思想以及关于交通运输重要论述精神，紧紧围绕统筹推进“五位一体”总体布局和协调推进“四个全面”战略布局，全面落实《交通强国建设纲要》《国家综合立体交通网规划纲要（2021—2050）》等战略部署，坚持新发展理念，坚持高质量发展，以建设人民满意交通为根本宗旨，以建设低碳综合交通运输体系为核心目标，以调结构、转方式、重创新、强治理为根本途径，着力推动交通基础设施绿色集约、交通运输装备节能低碳、低碳交通技术创新智能、交通运输服务优质高效、低碳交通治理科学现代，形成绿色低碳导向的交通运输发展方式、生产方式和消费模式，更好地服务交通强国和美丽中国建设。

（1）调结构。坚持把调整交通运输结构作为交通运输低碳发展的主攻方向。坚持以建设现代综合交通体系为战略统领，按照“宜水则水、宜陆则陆、宜空则空”的原则，充分发挥各种运输方式的比较优势和组合效率，加快发展水路、铁路等绿色运输方式；建设以铁路、公路客运站和机场等为主的综合客运枢纽，以铁路和公路货运场站、港口和机场等为主的综合货运枢纽；加强城市间交通的衔接性，主要城市群内部推进城际铁路、城市轨道交通建设，发展跨区域城际公交。

（2）转方式。坚持把建立绿色交通发展方式和出行模式为推动交通运输低碳发展的根本途径。实施公共交通优先发展战略，实现公共交通的规划优先、用地优先、资金优先和路权优先，加快快速公交系统（BRT）、公交专用道、城市轨道交通，以及自行车道、行人道等慢行系统的建设，发展大运量公共交通系统。

（3）重创新。坚持把低碳能源革命和科技创新作为推动交通运输低碳发展的根本动力。以节约低碳作为加快转变交通运输发展方式的重要措施和核心内容，充分挖掘交通运输发展各领域、各环节的节能降碳潜力。着力突破加强节能与新能源装备设备的自主研发和创造水平，发展电动化、智能化、共享化交通运输工具。

（4）强治理。坚持把低碳治理体系和治理能力现代化作为推动交通运输低碳发展的重要支撑。统筹优化低碳交通管理机构，建立科学合理的低碳交通管理体制机制；统筹交通基础设施空间布局，提升资源集约利用水平；积极研究制定交通运输低碳技术和模式方面的支持政策；发挥市场在资源配置中的决定性作用，探索差别化的交通管理实施方法。

第二节 基本原则

统筹协调，系统推进。统筹国际国内两个大局，统筹协调经济社会与交通运输高质量发展，科学统筹各种运输方式、区域、城乡交通运输协调发展，统筹近期发展与长远发展，充分挖掘结构、技术、管理节能减碳潜力。坚持目标引领与问题导向相结合，切实把应对气候变化和低碳发展摆在突出位置，把低碳发展理念贯穿交通运输发展各领域、各环节，全方位、全领域、全地域、全过程推进低碳交通运输体系建设。着力抓重点、补短板、强弱项，以提升交通基础设施、运输装备、运输组织、能源科技的低碳化水平为任务导向，在重点领域和关键环节集中发力，不断拓展交通运输低碳发展的广度和深度，形成交通运输发展与应对气候变化、生态文明建设相互促进的良好局面。

创新驱动，现代治理。坚持把创新作为推动交通运输低碳发展的第一动力，把改革创新贯穿交通运输低碳发展的各个环节，大力推进理念创新、科技创新、体制机制创新和管理服务创新，积极培育低碳交通新产业、新业态、新动能，充分发挥创新驱动在低碳交通运输发展中的支撑引领作用。深化体制机制改革，从源头上破解深层次矛盾和问题，着力构建交通运输低碳发展长效机制，促进交通运输发展方式的根本性转变。深化交通运输供给侧结构性改革，构建以低碳为导向的体制机制和政策支持体系，交通运输低碳治理体系和治理能力现代化，推动形成交通运输低碳发展长效机制。

开放协同，共治共享。以战略眼光、全球视野谋划推动交通运输低碳发展，坚持交通运输引进来与走出去并重，注重高水平开放合作，强化国内外协同合作。政府主动作为，综合运用经济、法律、行政、技术等手段，注重完善工作机制和配套政策，切实强化政府监管约束和激励引导作用。充分发挥市场对资源配置的决定性作用，广泛调动企业作为低碳发展主体的积极性和创造性，引导社会公众广泛参与，倡导绿色交通消费模式和出行方式，着力构建约束和激励并举的低碳交通制度体系，努力建设全社会共治共享的低碳交通行动体系，形成政府有效推动、企业自觉行动、社会共同行动的工作格局，形成交通运输低碳发展合力。

第三节 战略目标

一 2025 年目标

到 2025 年，低碳交通运输体系建设取得明显成效。交通运输低碳发展在重点领域取得突破性进展，区域间、领域间不平衡、不充分问题基本得到解决。综合运输结构不断优化，绿色出行体系加快构建；交通运输低碳科技创新和智能化水平明显提升，交通运输综合能效水平进一步提升，新能源和清洁能源推广应用；低碳治理体系和治理能力水平明显提升，全行业低碳发展意识显著增强。全行业能源利用效率明显提高，温室气体排放得到有效控制，为交通强国建设起好步提供有力支撑。

（1）运输结构调整取得明显成效。现代综合交通运输体系建设取得明显成效，交通运输基础设施、运输装备结构和运输服务结构进一步优化，现代化和集约化水平明显提高；各种运输方式的比较优势得到充分发挥，煤炭、矿石等大宗货物以铁路、水路运输为主的格局基本形成，全社会货物周转量中铁路、水路的承运比例达51%，沿海港口集装箱铁水联运比例达到5%以上，结构减排效应与贡献得到有效挖掘。

（2）绿色出行行动取得明显成效❶。城市公共交通发展战略得到全面落实，绿色出行理念全面提升，低碳交通消费模式引导和行为养成成效显著。城市公共交通出行分担率在大型城市达到60%，中型城市达到45%，小型城市达到30%❷，城市轨道交通运营里程达到6500km以上。交通运输共享化水平明显提升，网约车在城市出租汽车的占比达到45%，共享单车日均使用量5500万人次以上，电子商务占社会消费零售比例达到25%。

（3）交通运输能源清洁化和智能化水平不断提升。船舶清洁能源和新能源推广应用取得明显成效，新能源汽车占全部轻型车比例达到6.5%，新能源货车达到50万辆，港口岸电使用率达到30%，铁路电气化率达到75%；低碳交通运输科技创新体系基本建成，创新能力明显增强，形成一批低碳交通重大关键技术，节能低碳技术与产品推广应用水平明显提高，科技支撑保障作用明显增强；大数据、人工智能、物联网、云计算、北斗导航系统等现代信息技术在交通运输领域得到广泛应用，智慧交通、智慧物流、智能航运、自动驾驶等在部分地区率先开展应用，交通运输管理服务的智能化水平明显提升。

（4）低碳交通治理体系和治理能力建设取得明显成效。交通运输低碳发展战略规划体系、法规制度体系、标准规范体系和组织保障体系进一步完善，体制机制与制度环境建设成效显著；全行业低碳意识和素质显著提高，低碳交通试点示范取得重大进展，建成一批在全国达到领先水平的低碳交通示范区、示范工程、示范企业；交通运输规划与国土空间规划“多规合一”改革成效明显，基础设施网络体系持续维护和升级，交通需求管理政策逐步完善，私人小汽车保有量控制在220辆/千人以下；交通运输节能减排与低碳发展统计监测考核体系进一步完善，低碳交通运输监管能

---

❶指居民使用绿色出行方式的出行量占全部出行量的比例。绿色出行方式包括城市轨道交通、城市公共汽电车、自行车和步行。

❷城市公共交通分担率，即城市公共交通出行量（包括城市公共汽电车和城市轨道交通）占机动车出行量的比例。大型城市是指人口规模在500万人以上（2019年17座）的城市；中型城市是指人口规模在200万～500万（2019年有36座）的城市，小型城市是指人口规模在200万人以下的城市。

力和支撑保障水平显著增强；低碳交通运输人才队伍建设及其管理体制、运行机制基本适应低碳交通运输体系建设的需要。

二 2030年目标

到2030年，努力实现交通运输 CO_2 排放达峰，总量控制在10.1亿t以下。交通运输终端能源消费量控制在5.2亿tce左右，油品消费总量控制在3.9亿tce以下，电力能源占比达到10%以上。绿色低碳的综合运输结构和出行服务体系基本形成，结构减排作用得到充分发挥；低碳交通技术创新能力和总体水平进入世界先进行列，节能低碳先进适用技术和产品得到广泛推广应用，智能交通体系建设达到世界前列；低碳能源转型取得突破性进展，清洁能源和新能源占比明显提升；基本实现交通运输低碳治理体系和治理能力现代化，总体适应并适度超前基本建成美丽中国和交通强国的需要，为基本实现社会主义现代化充分发挥支撑保障和先行引领作用。

（1）集约低碳的综合运输结构基本形成。交通基础设施网络综合覆盖度进一步提升，国内通达、通畅性显著提高，各种运输方式的比较优势得到充分发挥，基本实现“宜水则水、宜陆则陆、宜空则空”；重要港区基本实现铁路进港全覆盖，港口集装箱铁水联运比例显著上升，铁路、水路的货物周转量承运比例达54.5%，沿海港口集装箱铁水联运比例达到10%以上，结构减排效应与贡献得到充分挖掘。

（2）绿色出行方式和消费模式基本形成。城市公共交通分担率在大型城市达到63%，中型城市达到50%，小型城市达到35%，城市轨道交通运营里程到8000km，共享出行比例占比达到15%，共享单车日均使用量6000万人次，电子商务占社会消费零售比例达到40%。

（3）交通运输低碳能源和技术革命基本实现。智能化水平显著提升，成为交通运输低碳发展的最重要途径。轻型车辆中新能源汽车占比达到18.5%，货运车辆中新能源货车占比达到10%；智慧交通、智慧物流在大部分城市得到广泛应用。

（4）交通运输低碳治理体系和治理能力现代化基本实现。低碳交通治理的领导责任体系、企业责任体系、全民行动体系、监管服务体系、市场体系、信用体系、政策法规体系、标准规范体系基本健全；低碳交通理念成为社会共识，中国特色的低碳交通文化蔚然成风；交通运输需求得到合理引导和有效调控，私人小汽车保有量控制在260辆/千人以下；交通运输低碳发展统计监测考核体系、监管服务体系全面建成，高素质、专业化在低碳交通人才队伍基本形成。

三 2050年目标

到2050年，交通运输CO_2排放总量控制在4.7亿t以下。交通运输终端能源消费量控制在4.3亿tce左右，油品消费总量控制在1.6亿t以下，电力能源占比达到44%以上。全面实现交通运输低碳治理体系和治理能力现代化，全面建成与社会主义现代化强国、美丽中国和交通强国相适应的低碳交通运输体系，为建成富强民主文明美丽和谐的社会主义现代化强国提供有力支撑，为全球平均气温控制在2℃、力争1.5℃之内作出重要贡献。

（1）集约低碳的综合运输结构全面形成。全面建成资源节约、衔接高效的综合立体交通网，全面形成TOD发展模式；绿色运输方式在综合交通运输体系中居于主导地位，各种运输方式的综合优势和组合效率显著提升，实现“宜水则水、宜陆则陆、宜空则空”。铁路、水路承担货物周转量比例达40.3%，沿海港口集装箱铁水联运比例达到30%以上。

（2）便捷优质的绿色出行体系全面形成。城市公共交通分担率在大型城市达到65%，中型城市达到55%，小型城市达到40%，城市轨道交通运营里程到12500km，共享出行比例占比达到50%，共享单车日均使用量8000万人次，电子商务占社会消费零售比例达到70%。

（3）交通运输电动化、智能化和共享化革命全面实现。新增运载工具绝大部分使用新能源或清洁能源；结构、技术、管理节能降碳的协同效应，实现交通运输全领域、各环节的清洁低碳，形成与资源环境承载力相匹配、与生产生活生态相协调的低碳综合交通运输体系。新能源汽车占全部轻型车比例达到85.5%；新能源货车占全部货车比例50%；在绝大部分城市开展智慧交通、智慧物流应用。

（4）交通运输低碳治理体系和治理能力现代化全面实现。导向清晰、决策科学、执行有力、激励有效、多元参与、良性互动的低碳交通治理体系全面形成；绿色出行成为全民自觉习惯，低碳交通文化成为生态文明的重要亮点，交通运输需求管理全面实现科学化、减量化，私人小汽车保有量控制在 200 辆/千人以下；交通运输低碳治理能力全面实现现代化。

交通运输低碳发展路线图及里程碑如图 4-1 所示。

		2015年	2030年	2050年
加快运输结构调整，提高运输组织效率	□ 货运结构铁路、水路占比：	48.6%	54.5%	51.3%
	□ 城际客运铁路出行占比：	39.8%	42.1%	45%
	初期公路运输向铁路和水路运输转移，中长期运输结构调整力度减弱			
转变交通消费理念，推动形成绿色低碳出行方式	□ 城市公共交通分担率：	44.8%	49.5%	56.3%
	□ 城市轨道交通运营里程（km）：	3286	8000	12500
	□ 共享出行比例：	—	15%	50%
	□ 共享单车日均使用量（万人次）：	—	6000	8000
	□ 电子商务占社会消费零售比例：	9.5%	40%	70%
	建设以“公共交通+自行车/步行+智能配送”为主体的城市交通体系			
应用清洁能源工具，推动减排技术创新，提高减排效率	□ 新能源汽车占全部轻型车比例：	<0.5%	18.5%	85%
	□ 新能源货车占全部货车比例：	<0.01%	10%	90%
	□ 技术进步带来的能源效率提升：	—	34%	65%
	新能源车大规模普及，不同运输方式的能源效率大幅提升			
推动智慧交通应用，构建高效运输模式	□ 完全自动驾驶的占有率：	—	有限场景5%	>50%
	□ 智慧交通、智慧物流应用程度：	—	部分城市	全部城市
	自动驾驶、智慧交通、智慧物流大规模应用，提高交通运输工具的能耗效率			
提高治理水平，推动绿色低碳交通治理能力现代化	□ 私人小汽车保有量（辆/千人）：	136	260	270
	实施差别化的交通管理，提高交通管理效率			

图 4-1　交通运输低碳发展路线图及里程碑

第五章

交通运输低碳发展战略路径与重点行动计划

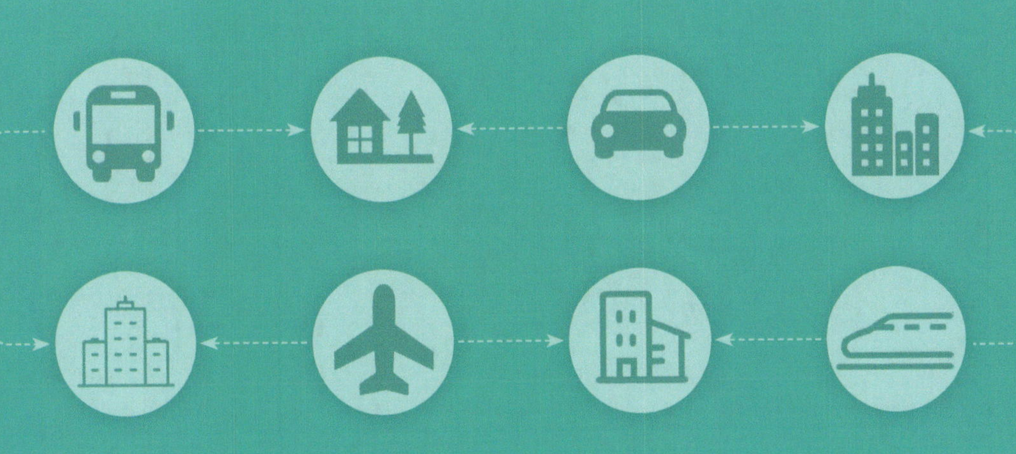

围绕交通运输低碳发展思路与目标指标，设计未来发展的战略路径，确定重点任务，提出行动计划和主要行动措施，是增强交通运输低碳发展战略的前瞻性、可操作性的关键。本章坚持目标导向和问题导向，紧紧围绕破解发展难题、保障规划目标实现，研究提出了交通运输结构变革、交通消费理念变革、低碳技术能源变革、智慧交通模式变革、交通运输效率变革的“五大变革”战略路径，以及近中期重点实施的碳强度降低、运输结构调整、绿色出行、新能源汽车推广、低碳科技创新、低碳示范引领和低碳能力提升7个行动计划。

第一节 战略框架

实现交通运输低碳发展，在战略路径上要着力推动“五大变革”，即交通运输结构变革、交通消费理念变革、低碳技术能源变革、智慧交通模式变革、交通运输效率变革，在科学谋划和有序推进现代综合交通运输体系建设的总体框架下，加快构建低碳综合交通运输体系（图5-1）。

货运方面，中长距离货物运输主要依靠铁路、水路运输，减少公路大宗货物运输量，加快新能源货运车辆普及，构建融合式一体化多式联运，达到公路、铁路、水路运输无缝衔接的效果；城市货运方面，不断革新物流体系，推动智慧物流发展，构建一站式智能物流服务体系，提高物流效率。城际客运方面，铁路尤其是高速铁路逐步成为1200km及以下城际运输骨干，1200km以上航空将发挥重要作用，公路长距离客运逐步转向铁路、航空，但在特定场景（偏远地区）仍承担主要客运任务，私人小汽车出行成为城际出行的新风尚，随着自动驾驶、新能源汽车普及，出行量还将上升；同时，通过应用清洁化能源和普及以轻量化、智能化为代表的节能减排技术，降低城际能源消耗与碳排放。城市客运方面，城市轨道交通逐步成为大型城市公共交通最主要的方式，成为中型城市公共交通的组成部分；共享单车的普及，让自行车回归城市，为交通节能减排带来新改变，推动以共享单车为代表的慢行交通系统建设；包括 BRT 在内的公交车成为中型、小型公共交通系统的主要方式，大型城市逐步减少公交车数量及运营线路，引入定制公交满足不同人群出行需求；以新能源车应用为主线，推动交通能源清洁化与自动驾驶应用，提高整体城市交通效率；网约车将成为城市出租汽车的主流，满足城市出行个性化需求，进一步推动共享出行，减少城市私人小汽车数量，减缓拥堵。

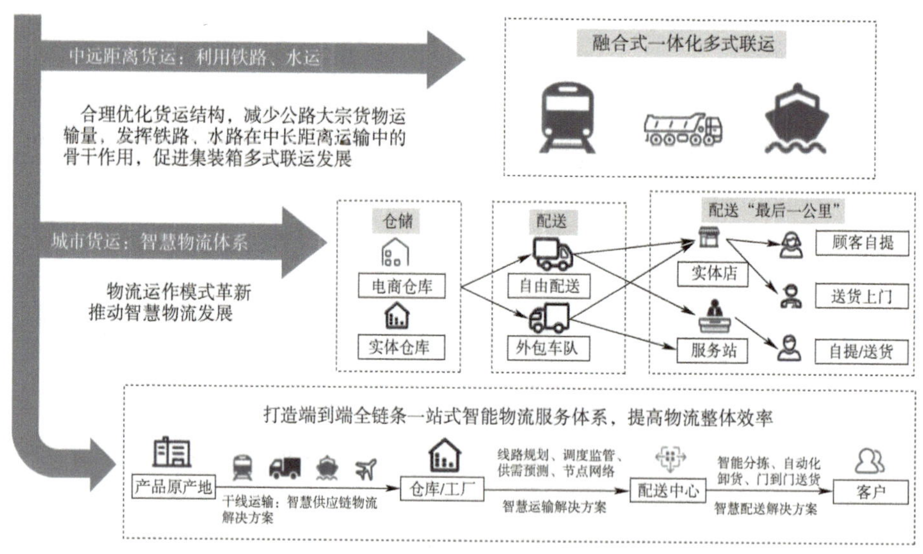

a）未来货运低碳发展场景

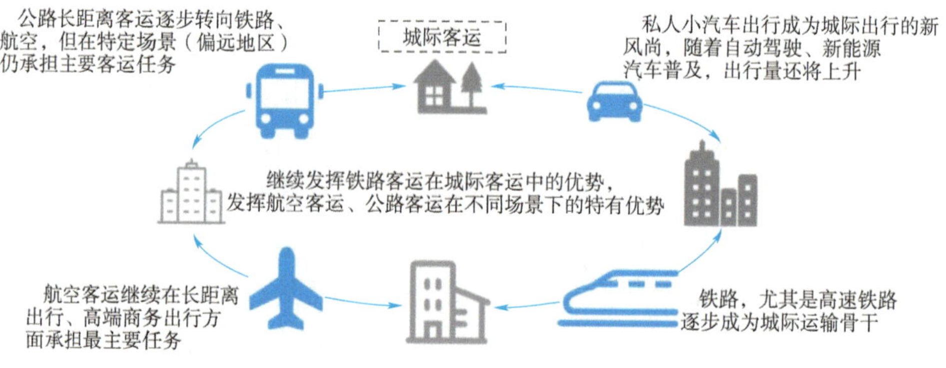

b）未来城际客运低碳发展场景

图 5-1

构建多层次城市交通出行系统，保障绿色出行

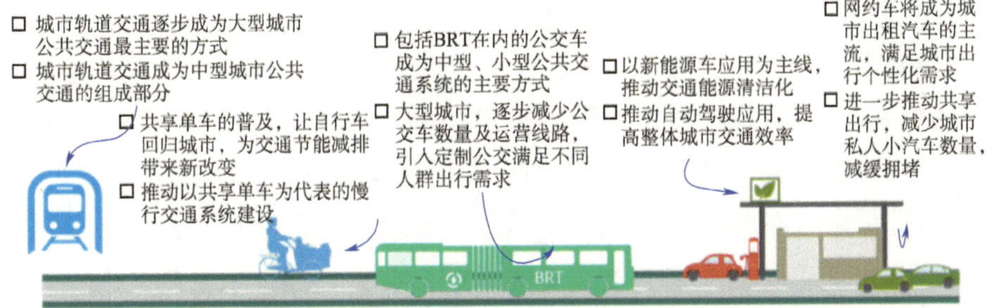

c）未来城市客运低碳发展场景

图 5-1　未来低碳综合交通运输体系的发展场景

第二节　战略途径

一　推动交通运输结构变革，建设低碳综合交通运输体系

铁路货运的污染排放和能耗强度分别是公路货运的 1/13 和 1/7，调整运输结构是推动交通运输绿色低碳发展的重要措施。必须坚持把调整交通运输结构作为交通运输低碳发展的主攻方向，以建设低碳排放为特征的现代综合交通体系为统领，按照“宜水则水、宜陆则陆、宜空则空”的原则，充分发挥各种运输方式的比较优势和组合效率，加快发展水路、铁路等绿色运输方式，实现结构减排效应最大化。

1. 加快调整货物运输结构，充分发挥结构性减排效应

（1）公路运输是我国现阶段最主要的货运方式。

随着我国经济的高速增长，货物运输量快速增长。2005—2020 年，全社会货运量与货物周转量分别增长 1.9 倍和 2.5 倍，在 2020 年分别达到 473 亿 t 和 148103 亿 t · km。

各种运输方式货物周转量承运比例变化情况如图 5-2 所示。

（2）未来公路依旧是最主要的货运方式，但铁路、水路货运增长可期。

一是铁路货运量将先增长后减少。铁路货运量在未来将呈现先增长后减少的特点。铁路在承担大宗货物的中长途运输方面具有一定的技术经济比较优势。《中共中央国务院关于全面加强生态环境保护坚决打好污染防治

攻坚战的意见》《交通运输部关于全面加强生态环境保护坚决打好污染防治攻坚战的实施意见》等文件都明确提出了减少公路货运量、增加铁路货运量的任务要求，2020 年全国铁路货运量比 2017 年增长了 30%。未来将继续发挥铁路、水路在大宗物资中远距离运输中的骨干作用，提高铁路集疏港比例，逐步减少重载柴油货车在大宗散货长距离运输中的比例。预计我国大宗货物运输需求将在 2030 年之前达到峰值，铁路货运量还有一定的增长空间。2045 年后，随着我国大宗货物运输需求的减少，铁路大宗货物运输量将比 2030 年显著下降。另一方面，我国铁路集装箱和零担货物运量占比远低于发达国家，预计未来集装箱货物将成为铁路货运需求新的增长点。

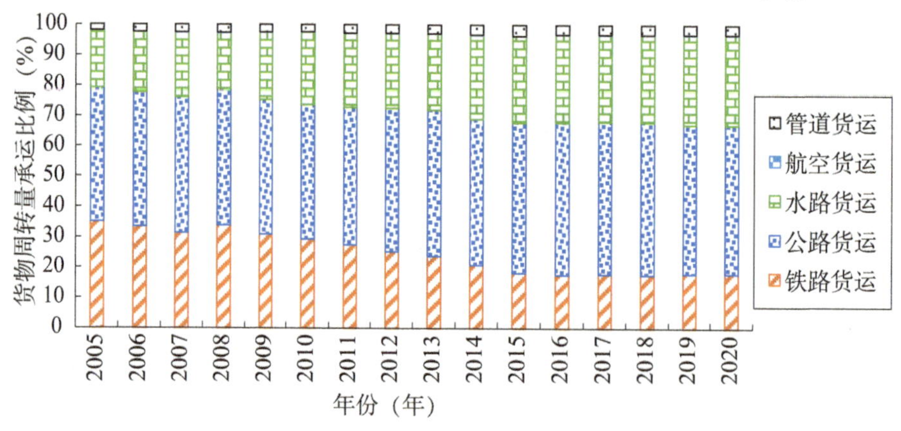

图 5-2　各种运输方式货物周转量承运比例变化情况

二是公路货运量将持续上升，货运产品将出现变化。随着我国经济的结构性调整，对于公路货运而言，其承担的煤炭、粮食、矿石等大宗物资将逐步转移到铁路和水路运输，公路运输将更多地承担小批量、多批次、质量小、高附加值、时效性强的货物运输。同时，高速公路里程的增加和物流配送系统的完善，将促使公路货物运输平均运距的延长。

三是水路货运量将有所增加，但增幅空间不大。水路在未来主要运送运距较长和对时效性要求不高的大宗散货和集装箱货物。大宗散货运输需求增速减缓，未来水路货运需求缺乏大的增长空间。另外，由于水路航道密度和运行条件远低于铁路和公路，可达性差，预计未来水路货运量和货物周转量增长速度将回落，在全社会货物运输总量中占比将有所下降，铁水集装箱联运将成为水路货物运输量的重要增长点。

四是航空货运量将持续快速增长，但占比仍旧较小。未来航空货运量

和货物周转量将以较高的速度增长，但在全社会总货运量和货物周转量中所占比例仍远远低于其他运输方式。航空货运的优势在于距离长、时效性强、批量小和附加值高，货运需求一直存在，并且随着国民收入的上升，航空货物运输量也将保持一定的增长，但航空运输属于能耗相对较高的运输方式，节能低碳政策的实施将在一定程度上影响民航货运需求的增长，航空货运占比将长期低于1%。

五是管道将持续增加，未来可能承运更多类型的产品。未来管道货运需求将保持较高增长，管道货运量和货物周转量所占比例将高于现状水平。管道运输是我国陆上石油和天然气运输的主要方式，是我国能源结构调整的重要路径。《中长期油气管网规划》指出，到2020年我国油气管网规模将超过16万km，2025年将达到24万km。从未来的发展趋势看，我国石油和天然气以及其他固体物料的消费量仍将继续增加，同时新技术的引进，使管道运输的货物类别有所增加。

（3）优化运输组织，发挥铁路、水路中长距离运输中的骨干作用。

一是加大货运铁路建设投入。加快完成蒙华、唐曹、水曹等货运铁路建设，显著提高重点区域大宗货物铁路、水路货运比例，提高沿海港口集装箱铁路集疏港比例。环渤海、山东、长三角地区沿海主要港口、唐山港、黄骅港的矿石、焦炭等大宗货物主要改由铁路或水路运输，并向其他地区推进。

二是推动货运经营整合升级。持续推进无车承运人试点工作，完善相关法规制度及标准规范，制定出台相关配套措施，加快培育创新能力强、运营管理规范、资源综合利用率高的无车承运人品牌企业，充分利用移动互联网等技术手段，实现对中小物流企业和个体运输业户的集约整合和资源高效配置。支持引导发展货运大车队、甩挂运输挂车共享租赁、多式联运、共同配送等集约高效的运输组织模式，促进运力资源的有效整合，发挥规模化、网络化运营优势，降低运输成本。支持大型龙头骨干物流企业以资产为纽带，通过兼并、重组、收购、控股、加盟连锁等方式，有效整合中小物流企业，构建跨区域的物流运输服务网络。进一步延伸运输服务链条，提供涵盖仓储管理、运输配送、流通加工、物流金融的供应链一体化服务，强化核心竞争力，培育物流企业品牌。

三是积极推进运输方式创新。加快推进多式联运、江海直达运输、甩挂运输、滚装运输、水水中转等先进运输组织方式，提高运输及物流效率。依托铁路物流基地、公路港、沿海和内河港口等，推进多式联运型和干支衔接型货运枢纽（物流园区）建设，加快推进集装箱多式联运。建设城市绿色物流体系，支持利用城市现有铁路、物流货场转型升级为城市配送中心。积极推进以港口为枢纽的铁水联运，打通海铁联运“最后一公里”，提高海铁联运比例。推动扩大集装箱、干散货江海直达船队规模。持续推进内河船型标准化工作，研究完善过闸运输船舶标准化船型主尺度，制定出台国家强制性标准，发布基于内河船舶的特定航线江海直达船舶标准规范。

2. 继续发挥铁路客运优势，稳步增加航空客运量

（1）近年来城际客运量逐年稳步提高，铁路旅客周转量占比逐步稳定。

随着我国人均收入水平的上升，城际旅客运输量快速增长。各种运输方式城际旅客周转量承运比例变化情况如图 5-3 所示。

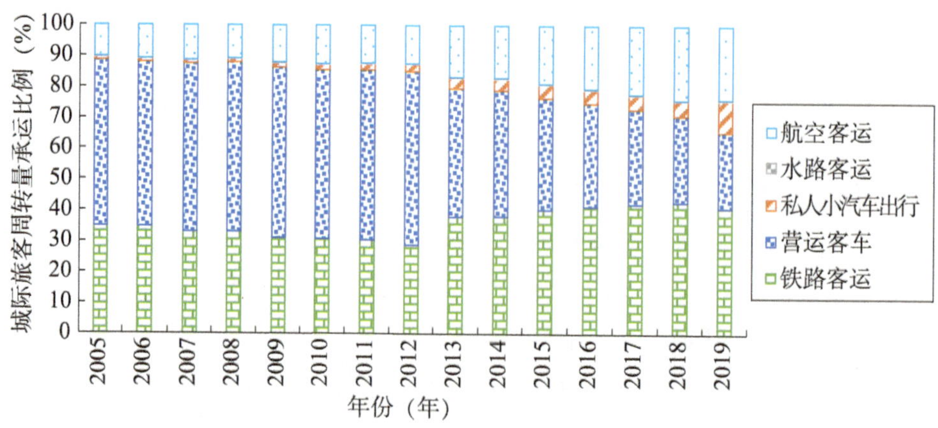

图 5-3　各种运输方式城际旅客周转量承运比例变化情况

（2）未来铁路、民航旅客周转量将稳步提升，公路旅客周转量将下降。

随着我国公路里程的不断增加，公路运输有了长足的发展，但考虑到长距离客运，面临运输效率较低、安全存在隐患等挑战，需要优化综合运输结构，将长距离客运等不适合公路运输的运输需求转移到航空或铁路，减少对公路运输的不合理需求。同时，中国民航运输业发展较快，1983—2018 年，民航旅客周转量年均增长 18. 19% 。根据相关性分析，GDP 与航

空运输总周转量的相关性最强，考虑到我国未来GDP会持续增长，会进一步促进人民群众的出行，民航客运量将会稳步上升。

3. 优化交通运输网络布局，合理引导交通运输需求

（1）现阶段交通基础设施空间布局总体呈东密西疏特征。

《综合交通网中长期发展规划》提出了全国“五纵五横”综合运输大通道和42个全国性综合交通枢纽城市的布局方案。目前，“五纵五横”综合运输大通道基本建成，通道内的高速铁路营业里程约占全国高速铁路总营业里程的90%，通道涵盖了大部分重要的国家高速公路路线，全国过亿吨港口和千万人次以上机场，整体客货运输能力大幅提升。

我国整体空间布局呈东密西疏特征，我国东西部地区人口与产业分布、经济发展存在很大差异，胡焕庸线东侧区域占国土面积的43.8%，集聚了全国94.1%的人口，创造了全国95%的GDP，城市分布也较密；胡焕庸线西侧区域国土面积大、人口少、经济总量小，城市分布稀疏。目前，高速铁路主要分布在胡焕庸线以东，国家高速公路、普通铁路、民航运输机场在胡焕庸线以东区域较为密集，以西区域较为稀疏。根据测算，西部地区铁路、高速公路、运输机场的面积密度是东中部地区平均水平的23%~40%。另一方面，西部地区铁路、高速公路、运输机场的人口密度或汽车密度、经济密度，均超过全国平均水平，是东中部地区平均水平的1.9~4倍。这体现了交通在推动西部地区经济社会发展、服务和改善民生、在支撑国家重大战略实施中，积极发挥了基础性、先导性作用。

（2）未来货运基础设施布局需要与产业格局保持一致，客运基础设施布局主要集中于经济、人口密集的城市群区域。

货运方面，货运需求主要集中在重要的资源区、产业集中区和消费密集地区之间。2030年，全国60%以上的省际货运主要发生在长三角、京津冀、珠三角、成渝、呼包鄂榆、长江中游城市群等区域间。伴随“一带一路”建设，长江经济带和京津冀协同发展等国家战略的实施，制造业和商贸业逐步从沿海发达地区向中西部地区转移，中西部地区货运需求增速将超过东部发达地区，全国层面的货运格局更加趋于均衡。2030年，全国货运需求的主要货运通道集中于沿海、京沪、京台、京广、陆桥、沿江、京港、京昆、福州至西北、二连浩特至湛江、昆（明）至广（州）等通道内。传统单一货类特征突出的能源通道总运量规模被京沪、京广等综合

型货运通道所赶超，东北地区入关货运需求突出，渤海湾跨海运输需求具备一定的规模。

客运方面，客运需求分布与人口布局高度一致，在空间上主要集中于经济、人口密集的城市群区域。国家级城市群和重要的区域级城市群间的客运联系是我国客运通道的主骨架。随着区域经济一体化进程的推进，以及东部产业逐渐向中西部梯度转移、交通基础设施网络不断完善等相关因素影响，主要城市群之间的经济社会联系将进一步增强，主要城市群之间的出行在全国客运格局中所占的比例也将不断提高。到 2030 年，东部地区客运量占比略有下降，中西部地区将略有上升，区域不平衡情况出现一定缓解。随着扶贫攻坚、西部大开发战略及“一带一路”倡议不断推向纵深，西部地区产业转型升级以及旅游业的发展，革命老区、民族地区、边疆地区等低于平均经济发展水平地区的交通运输服务将显著改善，中西部地区的人口总量和经济社会发展水平将得到有效提升，同东部地区的差距有所缩小，胡焕庸线以西的客运需求比例有望小幅提升，但东高西低的客运需求格局不会发生大的变动。2030 年全国客运需求将主要客运通道集中于京沪、京台、京广、陆桥、沿江、沪昆、京昆、福州至西北、昆（明）广（州）等通道内。其中，陆桥通道西段客流将逐步接近中东部地区通道规模，成渝通道客流向南向东延伸，东南沿海（福州、厦门、潮汕等）向西客流增长迅速。京津冀、长三角、珠三角地区对外的客运通道压力依然突出。

（3）统筹交通基础设施空间布局，提升资源集约利用水平。

充分考虑我国资源条件，统筹交通基础设施空间布局，提升资源集约利用水平。科学编制交通规划，节约集约利用线位资源，提高资源利用效率。统筹考虑区域间、区域内产业布局、资源条件及发展需求，合理确定交通大通道的结构与规模，避免重复建设，提升完善通道功能，提高综合交通枢纽衔接转换效率。到 2025 年，形成内外互联互通的“十纵十横”综合运输大通道。到 2050 年，建成布局完善、规模合理、结构优化、资源集约、衔接高效、互联互通的综合立体交通网络。

4. 运输结构减排在短中期效果显著，应长期坚持、持续推进

运输结构方式变革减排的短中期效果显著，应长期坚持、持续推进。本书为运输结构减排路径设计的量化分析参数为：货运结构方面，铁路、公路、水路、航空、管道货运占比 2030 年分别为 20.7%、42.5%、

33.8%、0.2%、2.8%，2050年分别达到21.5%、46%、30%、1%、2.5%；城际客运结构方面，铁路、公路（含私人小汽车）、水路、航空客运占比2030年分别为41.7%、27.6%、0.3%、30.4%，2050年分别达到45.6%、25%、0.4%、29%。综合测算，到2030年、2050年可分别减少CO_2排放5612万t和2055万t。初期随着公路货运向铁路和水路转移，货运结构调整的减排效果明显，中长期来看，受公路运输技术水平提升、交通基础设施建设基本完成等因素影响，运输结构调整力度减弱，减排效果有所下降，如图5-4所示。

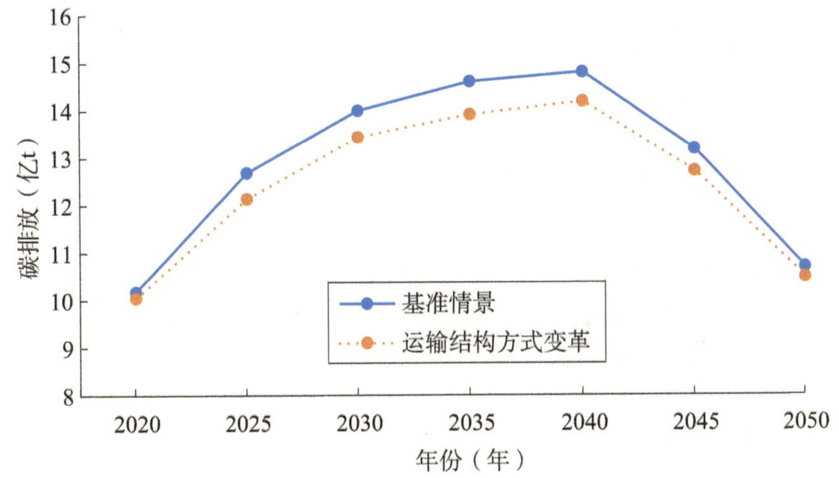

图5-4　运输结构调整减排效果对比（2℃情景）

二　推动交通消费理念变革，打造绿色出行服务体系

坚持把倡导绿色交通消费理念、完善绿色出行体系作为交通运输低碳发展的重大战略选择。深入实施城市公共交通优先发展战略，大力发展自行车、步行等慢行交通，加快推广网约车、共享单车、汽车租赁等共享交通出行模式，从源头上尽可能降低无效需求，促进交通运输系统减排。

1. 构建多层次城市交通出行系统，保障绿色出行

2005—2020年城市客运呈现快速增长趋势，其中私人小汽车出行增长幅度最大，出行量从2005年65亿人次快速增长到2019年的845亿人次，增长了12倍，在城市客运量中的占比也从2005年的5%增长到2018年的

41%，如图 5-5 所示。

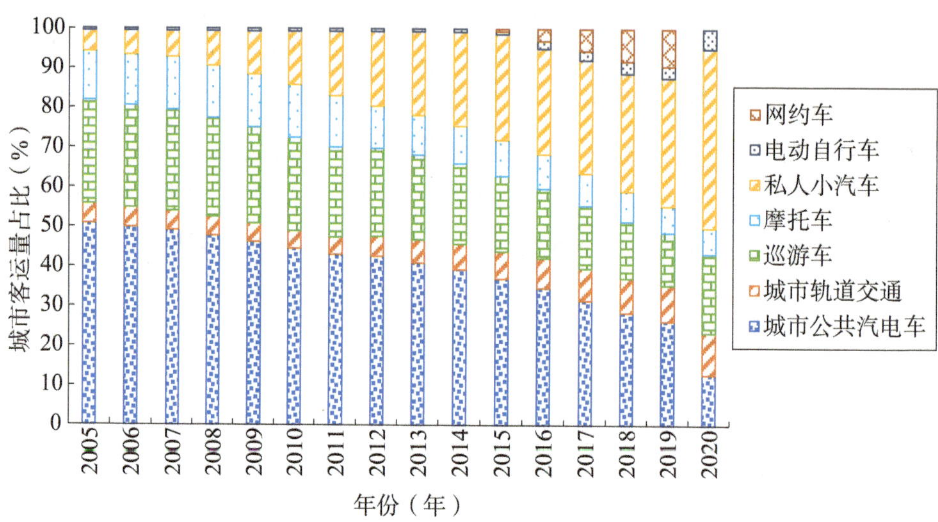

图 5-5　城市客运量占比变化情况

现阶段城市交通的主要方式有城市轨道交通、城市公共汽电车、出租汽车、私人小汽车、各类共享出行方式、租赁出行、自行车等，不同方式的出行成本如图 5-6 所示。

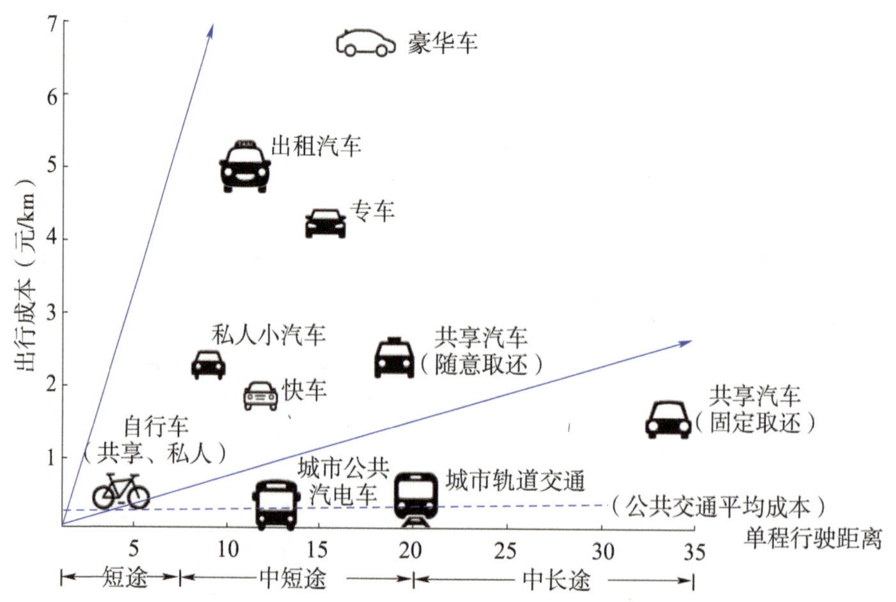

图 5-6　我国城市出行生态图

（1）实施城市发展公共交通战略，提升绿色出行比例。

①以城市公交为主体，城市轨道交通为骨干的城市公共交通系统已初步建成。

我国城市公共交通增长较快，截至 2020 年底，城市公共汽电车运营总数为 70 万辆，运营线路总长度为 148 万 km，城市公共交通客运总量为 871 亿人次[1]。城市市内交通出行主要以城市公共汽电车为主，从每万人拥有公交车数量来看，中小城市每万人拥有 7 标台，对于特大城市住房城乡部的建议标准是每万人拥有 11 标台，而全国文明城市 A 类测评标准则要求每万人拥有公交车 12 标台。城市轨道交通发展迅速，截至 2020 年底，我国 43 个城市开通城市轨道交通并投入运营，共开通城市轨道交通线路 226 条，运营线路长度达到 7355km。

不同城市规模的城市公共交通分担率存在一定差别。2019 年[2]，北京市中心城区工作日出行总量为 3957 万人次，其中机动化出行量（城市轨道交通、城市公交、私人小汽车、出租汽车）达 2454 万人次，城市公共交通分担率为 55.3%，绿色出行比例达 74.1%。同时，中型城市吉林省长春市公共交通分担率为 46.8%，小型城市浙江省衢州市公交分担率为 24.3%。

②大力发展城市公共交通和慢行交通，提升绿色出行比例。

建设以“公共交通 + 自行车/步行”为主体的城市交通体系。实现公共交通的规划优先、用地优先、资金优先和路权优先，加快快速公交（BRT）、公交专用道、城市轨道交通建设，以及自行车道、人行道等慢行系统建设，发展大运量公共交通系统。打造高品质、快捷化、多样化的城市客运服务体系。结合“公交都市”创建示范工程，从补贴机制、服务水平、信息化建设等方面采取措施，落实票价优惠政策，强化智能化手段在城市公共交通管理中的应用，减少换乘与等待时间，提升出行体验。推广品质公交，进一步提高空调车辆在城市公交中的比例，提高无障碍城市公交车辆更新比例，提升运输装备的舒适便捷和快速程度。推出商务公交、旅游班车、定制公交等服务类型，适应人民群众日益多样化的出行需求，使公共交通成为民众出行的优先选择，不断提高公共交通出行分担率。

---

[1] 2020 年交通运输行业发展统计公报。

[2] 2020 年受新冠肺炎疫情影响，城市客运数据没有代表性，因此选用 2019 年数据。

持续推进城市轨道交通高速发展。2018 年 7 月，国务院办公厅印发《关于进一步加强城市轨道交通规划建设管理的意见》，规定了在未来申报建设地铁、轻轨的城市的准入门槛，即申报建设地铁的城市一般公共财政预算收入应在 300 亿元以上，市区常住人口在 300 万人以上；申报建设轻轨的城市一般公共财政预算收入应在 150 亿元以上，市区常住人口在 150 万人以上。城市轨道交通具有绿色、环保、大容量、便捷等优势，符合国家发展城市都市生活圈理念，能够解决我国城市当前面临的交通拥堵、流动性差、环境污染、职住不平衡等诸多问题，在国家宏观政策引导和扶持下，未来我国城市轨道交通将进入蓬勃发展时期，城市轨道交通里程预测见表 5-1❶。

分类城市轨道交通里程预测（单位：km）　　表 5-1

城市类型	年份（年）		
	2020	2030	2050
超大型城市	1950	2300	3200
特大型城市	2700	3500	6000
大型城市	1200	2200	3300
总计	5850	8000	12500

（2）大力发展慢行交通和共享交通，构建多层次城市出行系统。

据不完全统计，2013—2020 年，全国共享出行市场共发起融资案例 246 起，金额达 1834 亿元。其中，网约车行业吸引了超过八成的融资额，交通出行展现出多元化发展的状态。

①以网约车为代表的共享汽车将成为城市出租汽车的主流，不断满足人民群众的个性化出行需求。

我国巡游车业务发展平稳。近年来，随着人民物质水平的不断提高以及城镇化步伐的加快，对于出租汽车的需求越来越旺盛，但由于出租汽车行业的牌照管制使得大城市出租汽车数量的增长较为缓慢，城市出租汽车服务难以满足消费者日益增长的出行需求。未来随着政策的变化，出租汽车数量增长速度将有可能会加大，预计增长速度在 2% ~4%❷。

❶数据来源于城市轨道交通协会、前瞻产业研究院等研究机构预测数据。

❷数据来源于普华永道《出行市场的下一个五年》报告。

网约车快速发展。共享汽车是城市出行方式的变革，人们出行的舒适度、便捷度、安全度是未来规划的方向。推动互联网、大数据、人工智能和实体经济深度融合，在创新引领、绿色低碳、共享经济等领域培育新增长点形成新动能已逐渐成为共识。城市交通中，共享汽车是绿色发展的集中体现、是交通变革的关键，而网约车是现阶段共享汽车的表现形式。我国共享汽车市场主要分为三种发展模式，第一种即是以滴滴（不包含专车）为代表的 C2C 发展模式；第二种是以曹操专车、首汽约车、滴滴专车为代表的 B2C 发展模式（在这类发展模式下，车企通常表现为自建车队）；第三种是以高德、美团为典型的聚合平台发展模式。2018 年，网约车客运量为 200 亿人次，客运量占出租汽车客运总量的比例为 36.3%。从覆盖区域上看，一线城市贡献了网约车平台超过 50% 的订单量。从 2017 年起，网约车市场开始向三、四线及县级城市下沉，现阶段已初具规模。网约车市场已步入市场成熟期，随着车辆运营效率的提升和服务的精细化，2020—2025 年网约车客运量还将保持 15% 左右的增长，2030 年之后成为城市出租汽车的主流。

以网约车为代表的共享汽车可显著降低城市私人小汽车出行的总里程。Vazifeh 等在 Nature 发文❶认为，通过共享化可使城市总行驶里程降低 40%，通过车辆调度的优化，可用更小的车辆满足原来的出行。得克萨斯大学的 Kockelman 等认为❷，共享化带来 11% 的里程增加（通常是指共享车辆分别接不同乘客需要走的路程），虽然对单个车辆里程有所增加，但另一位乘客不需要使用额外的车辆，从而直接避免了第二辆或更多车辆的使用，减少了交通系统的总里程。

②共享单车的普及，让自行车回归城市，为交通节能减排带来新改变。

公共自行车方面，少数城市还将继续营运公共自行车，但大多数城市将逐步退出。杭州于 2008 年开始有组织地引导城市慢行交通发展，推广

---

❶Vazifeh M M, Santi P, Resta G, et al. Addressing the minimum fleet problem in on-demand urban mobility[J]. Nature,2018,557(7706):534.

❷Fagnant D J, Kockelman K M. The travel and environmental implications of shared autonomous vehicles, using agent-based model scenarios[J]. Transportation Research Part C: Emerging Technologies,2014,40:1-13.

公共自行车。2010 年，永安自行车公司成立并承接台州、苏州、上海松江公共自行车系统，建立了由政府出资、企业建设、企业运营的政府购买公共服务模式的公共自行车系统。此类模式中，政府提供资金、土地并进行监管，企业进行建设和运营。自 2008 年以来，我国 165 个县、区、市建立了传统公共自行车网络。但伴随着网络共享自行车的出现，传统公共自行车竞争力开始下降。2018 年起，各个城市陆续停止政府主导的公共自行车项目，公共自行车陆续从大多数城市退出。

互联网租赁自行车（“共享单车”）出现之后，逐步成为短距离出行的主要方式。在人口密集的城市中心地带，城市居民普遍更倾向骑行而非搭乘公共交通工具来解决短途交通出行；在人口密度较低的城市外围，共享单车的出现将增加人们使用公共交通的频率。据统计❶，超过 60% 的用户每次骑行距离在 3km 以内，且使用场景是为完成地铁站/车站和目的地之间的出行。共享单车的兴起逐渐开始挤占了网约车在 5km 以内的短途出行市场份额，并在减少机动车短途出行的使用频次上起到一定促进作用。截至 2019 年 6 月，全国每天共享单车的使用量在 4000 万人次以上，用户规模达到 2.35 亿人。但考虑到城市容量有限，未来一段时期内，一线城市的共享单车运营总量将在 100 万辆左右，主要二线城市的运营总量将在 30 万辆左右。随着城市公共交通系统发展带来的接驳需求，共享单车投放量将重新小幅增长。

③打造高品质的慢行系统，提供安全、温馨、便捷的城市慢行交通环境。

制定分类步行交通系统规划设计导则或规范，并将其纳入国家相关城市规划体系。强调城市内部因地制宜建设温馨舒适的步行、自行车系统，重视独立设置的绿道，推进慢行基础设施与城市公共交通系统的衔接，促进城市公共交通、高速铁路系统与电动汽车、慢行出行相结合。增强绿色出行理念宣传，形成全民绿色出行习惯。

（3）汽车租赁、分时租赁满足未来个性化出行需求。

分时租赁市场增长略缓，但还具有较大的增长空间。在我国市场，汽车租赁要早于网约车模式，但由于其重资产属性，分时租赁企业的扩张速

---

❶朱萍，朱亚成，董雨薇，等. 2017—2018 中国共享单车发展报告[J]. 中国商论，2017(31)：143-147.

度远不及其他出行模式。2017 年开始，多个地方政府提出将分时租赁作为推广新能源汽车的重要手段，电动车分时租赁呈爆发式增长，并涌现了大量初创企业。企业数量从 2017 年初的 30 余家增加到 100 余家，总车队规模超过 5 万辆，其中 95% 以上的车型为新能源汽车。考虑到我国人口基数大、集中度高，就分时租赁车辆的使用效率来说，我国的用户/车辆比更高。新能源汽车分时租赁这种共享出行模式可以提升车辆使用效率，促进新能源汽车的发展，缓解环境问题。因此分时租赁将继续受到政府的鼓励，并享受相关优惠政策。根据统计，全国用于分时租赁的电动汽车达 3 万辆左右，按照 1∶8 的私人小汽车替代率计算，相当于减少了 35 万辆私人小汽车上路。这对于减少交通拥堵和排放都有重要意义。因此，未来 5 年将有超过 50% 增幅发展空间❶。

2. 推动消费理念变革，改变未来交通需求结构

（1）电子商务规模扩张迅速，对产品、服务、体验的需求普遍升级。

2020 年，我国电子商务交易规模为 37.2 万亿元，其中实物商品网上零售额超过 11.8 万亿元，占社会消费品零售总额的比例达 30.1%。全国农村网络零售额达 1.8 万亿元❷。我国正在崛起的中产阶级，将成为消费升级的推动者和中流砥柱，消费理念将从以下三方面发生变化。

一是产品的消费升级。从需求侧看，中产阶级在产品的数量需求方面已经基本能够得到满足，中产阶级更加关注对高质量、多样化、个性化的追求。从供给侧看，技术的进步为满足这些需求提供了支撑。从基本温饱到家电进入千家万户，从手机、计算机、汽车的普及到 3D 打印、人工智能的兴起，新的产品不断涌现，将满足人们不断发展的需求。

二是服务的消费升级。随着产品的需求得到一定程度满足，人们开始对服务提出更高要求。医疗、教育、旅游、保健、互联网等服务行业大力发展。此外，服务的便利化已成为新时代最重要特征之一，共享单车、网约车、高速铁路、移动支付、网购等行业异军突起。

三是体验的消费升级。随着后现代主义的兴起，心理体验逐渐成为人

❶雷孝平，陈亮，刘玉琴，等. 基于科技报告的电动汽车技术现状及发展趋势研究[J]. 中国科技资源导刊，2017，49(3)：83-90.

❷商务部电子商务和信息化司. 中国电子商务报告 2020[R]. 北京：商务部电子商务和信息化司，2021.

们追逐的重要目标。人们不仅关注产品和服务本身的功能，还关注产品和服务被赋予的象征意义以及由此给人们带来的心理体验。

（2）实物消费、服务消费的结构性升级，带来多元化、个性化的需求。

实物消费结构升级对交通运输提出新挑战。首先，以小汽车为代表的个体出行大幅度增长，将会冲击脆弱的乡村交通基础设施，同时也对交通运输体系提出了规划设计、运行管理、停车管理甚至信号控制等新要求。小汽车迅速增多带来的问题，在近年来春运返乡车流造成的交通拥堵和安全事故中已得到充分反映。其次，随着城乡消费转型升级，农村吃穿用住等一般消费将会继续提质扩容。特色蔬菜、新鲜水果、水产海鲜和花卉苗木等为代表的高端农村消费将会提升，在此背景下会增加如冷链物流、绿色运输和即时配送等需求。特别是考虑到交通与脱贫攻坚的密切关系，贫困地区的消费升级将更加有赖于交通运输条件的改善。

服务消费增加对交通运输服务提出了新要求。一是服务消费增多会大幅度增加城乡交通出行总量。服务消费的主要特征之一就是更注重体验性和参与性，无论是文化教育、休闲购物还是餐饮娱乐，都需要亲身参与，而交通出行作为服务消费的派生需求也会随之增加。二是服务消费增多会带来出行目的多样化，要求交通运输体系提供多元化和差异化的服务。例如，以往城乡客运主要以务工、上学和看病等“生存类”出行客流为主，随着城乡居民休闲娱乐、购物餐饮等出行需求增多，会对出行速度、费用和可靠性提出更高要求。三是随着大众旅游和全域旅游时代到来，人们对交通运输网络的通达性和服务功能提出了更高要求。面对人民群众高品质、多元化、个性化旅游出行需求，交通运输还存在不小差距，且交通设施自身旅游价值也有必要进一步开发和拓展，从而促进交通旅游消费。

3. 绿色出行的减排贡献逐步增加，且潜力较大

消费理念变革的减排贡献逐步增加，且潜力较大。本书为消费理念变革减排路径设计的量化参数为：到 2030 年，城市客运中公共交通出行占机动车出行分担率达到 49.5%，城市轨道交通运营里程达到 8000km，共享单车日均使用量达到 6000 万人次，共享出行比例达到 15%，电子商务占社会消费零售比例达到 40%，预期相比于基准情景可减少 CO_2 排放量 4497 万 t。到 2050 年城市客运中公共交通占机动车出行分担率达到

56.3%，城市轨道交通运营里程达到 12500km，共享单车日均使用量达到 8000 万人次，共享出行比例达 50%，电子商务占社会消费零售比例达 70%，预期同比基准情景可减少 CO_2 排放量 16510 万 t。

绿色出行的减排效果对比如图 5-7 所示。

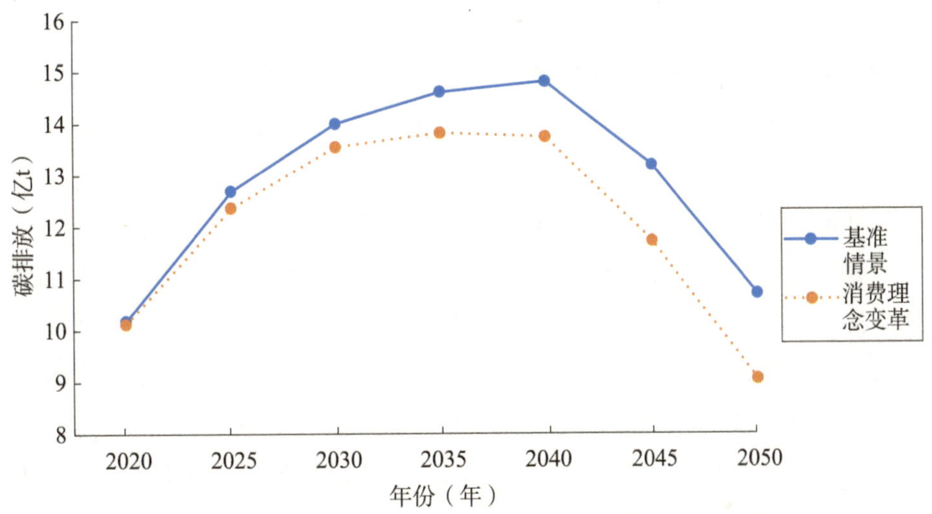

图 5-7 绿色出行的减排效果对比

三 推动低碳技术能源变革，提升交通运输综合能效和减排效率

新能源汽车、高速铁路等技术的发展，将深刻影响我国交通运输发展格局和减排方式。贯彻落实创新驱动发展战略，坚持把创新作为推动交通运输低碳发展的第一动力，把低碳交通技术创新与能源转型作为重要着力点，推广应用清洁能源，着力加强节能与新能源装备设备的研发创新，大力发展智能交通，加快自动驾驶等新技术、新产业、新业态、新模式，充分挖掘交通运输发展各领域、各环节的技术减排潜力。

1. 加快交通能源系统清洁化和低碳化，以能源结构多元化加快交通减排

（1）以新能源汽车应用为主线推动交通能源清洁化。

①我国新能源汽车产销量近年来显著增加，未来发展潜力大。

2011—2020 年，我国新能源汽车年销量从不到 1 万辆增长到 136.7 万

辆。2020 年，我国新能源汽车销量位居全球第一，其中纯电动汽车产销量分别为 110.5 万辆和 111.5 万辆，同比分别增长 5.4% 和 11.6%；插电式混合动力电动汽车产销量分别为 26 万辆和 25.1 万辆，同比分别增长 18.5% 和 8.4%；燃料电池电动汽车产销量均完成 0.1 万辆，同比分别下降 57.5% 和 56.8%。新能源汽车产业规模从几十亿元发展到超千亿元，上游矿产资源和关键原材料、中游三电核心零部件、下游整车和充电桩等各环节构成的产业链已经相对完善，很多环节已经培育出了具备全球竞争力的企业。随着新能源汽车产业步入高速成长期，终端销量和渗透率将不断攀升。

②世界其他国家将陆续禁售燃油车。

截至 2016 年底，欧洲 60% 的汽车为柴油车，90% 以上的出租汽车采用柴油发动机，SUV 搭载柴油机的比例更是高达 80%。欧洲车企在柴油发动机上拥有强大的技术实力，以大众汽车为例，其销售的 1000 万辆柴油轿车绝大多数集中在欧洲，德国的柴油轿车保有量高达 1300 万辆。从 2017 年下半年开始，世界很多国家纷纷提出了停止销售燃油车的计划，并公布了禁售燃油车时间表，具体时间见表 5-2。

各国禁售燃油车时间表　　表 5-2

类别	国家	详　　情
已确定	法国	从 2040 年开始全面停止出售汽油车和柴油车
	英国	从 2040 年起全面禁止出售汽油车和柴油汽车
计划中	荷兰	从 2025 年起开始禁止在本国销售传统汽车
	挪威	四个主要政党一致同意从 2025 年禁止燃油车销售
	德国	联邦参议院多票通过了 2030 年以后禁售传统汽车的提案
	美国	美国加州将于 2030 年禁止传统燃油车上市销售
	印度	计划 2030 年禁售燃油车
	比利时	计划 2030 年禁售燃油车
	瑞士	计划 2030 年禁售燃油车
	瑞典	计划 2030 年禁售燃油车

考虑我国车企发展阶段、我国产业结构以及我国交通发展的状态，我国预计将于 2030 年前后禁售燃油车（专业载货汽车、重型载货汽车

除外)。

③新能源车未来快速普及，将在 2050 年成为市场中最主要产品。

2020 年发布的《节能与新能源汽车技术路线图 2.0》指出，预计至 2035 年，我国节能汽车与新能源汽车年销售量各占 50%，汽车产业实现电动化转型。根据工业和信息化部发布的《新能源汽车产业发展规划(2021—2035 年)》，到 2025 年新能源汽车市场竞争力明显提高，销量占当年汽车总销量的 25%。国际能源署《IEA Energy Outlook 2017》报告中对我国轻型车（包括 SUV、MPV、轿车以及多用途货车等乘用车车型）结构的预测指出，普通型混合动力电动汽车属于过渡期产品，且过渡期较长。燃油车到 2050 年大概占比为 65%，这说明在 2050 年左右燃油车仍然有一定生命力。燃料电池汽车和纯电动汽车将是一种共生状态，并非燃料电池汽车完全替代纯电动汽车，或纯电动汽车完全替代燃料电池汽车。中国汽车技术研究中心研究认为，到 2025 年我国纯电动汽车与普通混合动力汽车的制造成本相当，至 2033 年，我国纯电动汽车将与传统汽油车的制造成本首次持平，而在 2033 年之后，纯电动车型将是制造成本最小的领域，届时新能源汽车推广将由市场推动。

氢燃料电池是新能源汽车的重要组成部分，但现阶段由于氢燃料电池技术尚未获得实质突破，成本、耐久性、基础设施以及氢能产业链仍是氢燃料电池汽车推广应用所面临的全球性问题。与此同时，我国氢燃料电池汽车虽已获得一定的发展，但燃料电池耐久性问题，关键材料及核心零部件供应问题以及氢燃料供给难等问题是制约我国氢燃料电车汽车发展的主要瓶颈。只有随着技术的发展，氢燃料电池的电池效率和使用寿命进一步提高，成本进一步降低，关键材料及核心零部件供应随着我国产业发展而实现突破，氢能基础设施逐渐完善，氢燃料电池汽车才可能大规模推广利用。考虑到氢能在长距离货运和城际公交领域是替代传统柴油车和未来纯电动车的较优解决方案，未来氢能汽车将会有较大的发展潜力。

我国氢能基础设施产业发展路线如图 5-8 所示。

基于消费市场选择，预计 2050 年纯电动汽车（BEV)、新能源汽车(NEV）年销量占比将分别达到 62.4% 和 70%，新能源汽车将在 2050 年成为市场的绝对主流，如表 5-3 所示。

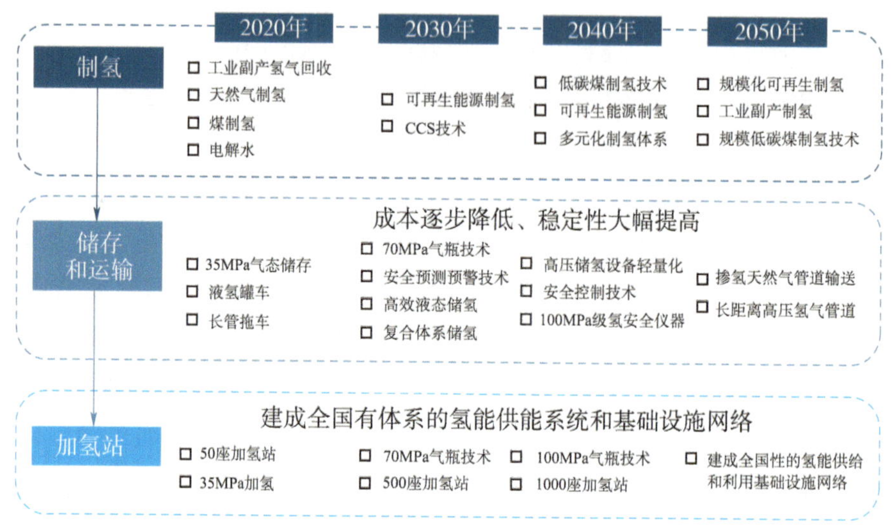

图 5-8 我国氢能基础设施产业发展路线图

资料来源:《中国氢能产业基础设施发展蓝皮书(2016)》《节能与新能源汽车技术路线图》等。

2020—2050 年新增新能源(轻型)汽车比例市场预测　表 5-3

预测数据来源	2020 年	2025 年	2030 年	2040 年	2050 年
《节能与新能源汽车技术路线图》	7% ~15%	15% ~20%	40% ~50%	—	—
《IEA Energy Outlook 2017》	—	10%	—	25%	—
《基于情景分析的乘用车节能目标实现路径比较研究》❶	10%	25%	35%	55%	90%

(2)积极推广液化天然气、电力等清洁能源船舶。

①加快发展液化天然气(LNG)动力船舶。

将 LNG 作为船舶燃料是航运业实现节能减排的一种重要解决方案。截至 2020 年,我国 LNG 燃料动力船舶达 290 艘,建成的内河 LNG 加注码头为 20 个,主要分布于长江干线、京杭运河沿线和西江干线。LNG 燃料动力船舶相关核心技术不断成熟,LNG 燃料动力船舶的建造带动了国内相关设备制造商不断加大对船用新型天然气发动机、控制系统、安防报警系

❶任焕焕,赵冬昶,禹如杰. 基于情景分析的乘用车节能目标实现路径比较研究[J]. 汽车工业研究,2014(12):36-40.

统、尾气处理装置、储罐等的研发，已初步形成适用、完善的技术产品体系。

LNG 等清洁能源动力船舶将迎来重要机遇期。随着 LNG 动力船舶建造工艺技术水平不断提高，支持保障系统也不断完善，LNG 动力船舶示范作用将越来越明显，申请改造的船舶也将增加，且适宜改造（500～3000 总吨）的船舶数量较多，仅西江航运干线广西壮族自治区内适宜改造船舶就达到 4400 多艘。2025 年前将基本建成 LNG 加注码头体系，为加快 LNG 燃料动力船舶推广发展提供有力保障。

②积极推进船舶电动化。

电动船舶的更新应用将成为未来主流趋势。船舶电动化将按特定水域—近海水域—全球水域依次应用。截至 2019 年 5 月底，全球营运中和拟建造电动船舶数量为 155 艘，包括营运中船舶 75 艘，拟建造船舶 80 艘。2017 年，杭州现代船舶设计研究有限公司开发设计了迄今为止全球最大的一艘 2000 吨级全电池动力自卸运输货船。船上安装有重达 26t 的超级电容＋超大功率的锂电池，整船电池容量约为 2.40MW·h，相当于约 30～50 台电动汽车电池容量。船舶在满载条件下，航速最高可达 12.8km/h，续航力可达 80km。目前的电动船舶主要为特定水域船舶，例如沿江沿海城市渡船、观光船、内河货船、港口拖船等。未来随着船舶用磷酸铁锂电池攻克高安全、高可靠性、高功率、长寿命等技术难题，BMS 电池管理系统应用，以及 IP67 以上防护等级电池包设计的普及，电动船舶将在渡轮、游船、集装箱船、货船、工程船等船舶中广泛应用。到 2024 年，全球电动船舶市场规模将达到 73 亿美元（约合人民币 453 亿元），市场前景非常广阔。

未来清洁能源船舶占比见表 5-4。

未来清洁能源船舶占比　　表 5-4

预测机构	2020 年	2025 年	2030 年	2040 年	2050 年
中国船级社	1%～1.2%	3%～5%	10%～20%	30%	40%

（3）生物质能源是未来航空领域能源清洁化的主要方向。

根据美国国家航空航天局兰利研究中心的研究，与使用常规燃料相比，在巡航情况下使用生物燃料，可使飞机发动机的颗粒污染物排放量减少50%～70%，CO_2排放量可降低60%～98%，能量密度可提高1%～2%，而且不排放氮化物、芳族化合物、卤素等污染物，极大降低了大气污染。2011年以来，国际石油产品和润滑剂委员会已经对可再生合成异链烷烃（SIP）燃料、加氢处理氢酯和脂肪酸（HEFA）燃料、通过费托工艺转化生物质和化石燃料等多种航空生物燃料进行了认证，可直接混合现有航空燃油使用。国际民航运输组织发布了预测报告并出台了相关规划和发展路线图，考虑到生物燃料对既有航空系统的适应性非常好，不会对燃料管道的橡胶密封部件造成腐蚀，现有的飞机和地面系统均无须大改，预计到2030年全球航空生物燃料将占总用量30%，2040年占比将达到50%。

2. 推动交通运输科技创新，发挥技术减排的支撑作用

（1）依靠技术进步显著提升交通运输综合能效。

铁路运输技术进步主要体现在电气化率和车辆轻量化方面。考虑在铁路电气化率、铁路列车轻量化、机车节电节油、智能管理等技术领域的进步，铁路能耗下降的潜力在2030年为15%～30%，2050年为35%～50%。电气化率方面，2030年应达到85%左右，2040年达到90%以上，2050年电气化率达到99%以上。铁路列车轻量化方面，根据舒勒集团提供的轻量化技术解决方案，在保障日常高强度的应用以及30年左右使用年限的前提下，采用不同纤维材料混合铺层（其中裙板、底板、支架采用碳纤维复合材料）理论减重潜力在30%～50%。机车节电节油技术、智能管理方面，在短中期通过再生制动、燃油添加剂或者其他替代能源等技术的推广，总能耗下降潜力15%～20%；中长期来看，列车高速运行时所需的能量，大部分是使列车加速到一定速度所需的能量和克服空气阻力以保持其速度所需的能量，未来通过优化车型设计，符合空气动力学，以及新材料应用，将极大减少空气阻力，总能耗下降潜力在20%～40%。

公路交通运输技术的发展主要体现在推动燃油经济性提升。在考虑发动机、车辆制造的技术升级，生态驾驶、货车编队等技术的应用，公路能耗下降的潜力在2030年为35%～50%，2050年为55%～70%。发动机、车辆制造的技术升级将极大地减少公路能耗，预计到2030年节能潜力为25%～40%，2050年为50%～70%。

水路交通运输技术进步主要体现在船舶制造标准方面。随着船舶大型化技术、船型标准化等一系列技术应用，水路运输的能源效率将提升

20% ~50%。

民航交通运输技术进步主要体现在飞行管理技术和生物质燃料方面。考虑精细化飞行管理技术、航空生物燃料应用技术以及新型发动机/飞机研发应用等技术的发展，航空运输的能源效率将提升20% ~70%。

(2) 推动交通运输技术低碳化的路径选择。

①铁路运输方面以电气化、设备轻量化的技术为主。

推动铁路电气化率迅速提高。2050年电气化率达到99%以上。推进运输设备轻量化，包括车辆轻型化、转向架轻量化和电气设备轻量化等。国外不少国家在高速列车轻量化方面做出了很多的努力，如日本新干线车体质量减小至537kg/座，哥本哈根郊区铁路轻至360kg/座。减小列车车体质量的方法通常有两种：减小车体各组件的质量；优化车体结构整体设计，在保证车体整体强度的情况下追求车体各组件的最优质量布局。推广再生制动技术。这种技术适合于停站较多的列车运行模式，如城际轨道交通，其总能耗可以下降15% ~30%，具有很大的节能潜力。发展重载运输技术。国外重载运输推广范围日益扩大，不仅在幅员辽阔的大陆性国家，如美国、加拿大、澳大利亚等国家，而且在欧洲传统以客运为主的客货混跑干线铁路上也开行重载列车。考虑到我国日益增长的货运需求，铁路重载技术需求会进一步上升，未来可在蒙陕甘宁等能源富集地区与鄂湘赣等华中地区，建设长距离重载铁路运输通道，支撑"北煤南运"国家战略。节能管理逐步实现现代化。2020年实现主要能耗数据的部分在线监控，2030年实现铁路行业能耗统计分析、监测控制信息化。

②公路运输方面推动以生态驾驶、路网优化为主的技术应用。

推广生态驾驶。在行驶过程中，通过保持经济车速、缓加速、缓制动、尽快提高挡位等方法减少能源消耗。据相关调查和试验研究，不同操作水平的驾驶员驾驶车辆油耗相差达7% ~25%，而生态驾驶可以让车辆节能10% ~20%。推进路网优化技术。汽车在2 ~6类公路上行驶，单位能耗分别提高10%、25%、35%、45%和70%。换而言之，高速公路坡度小、路况好，排除了混合交通，避免了因道路不平整和汽车频繁制动与起动造成的燃油浪费，是最节能的道路类型。大幅提高车辆装备制造技术。当前运输装备结构不尽合理，大型化、专业化车辆比例不高，老旧车辆比例偏高，且公路运输规模化、集约化程度还比较低。普通货运车辆运力供给过剩，大型化、专业化、系列化车辆比例不高，亟须推进运输装备专业化、标准化和大型化发展。

③水路运输方面推动以船舶大型化和标准化、经济航速为主的技术应用。

船舶大型化和标准化。根据武汉理工大学关于国内船舶能效设计指数（EEDI）与 CO_2 排放基线实船研究的结果，目前我国各大船型新造船的节能比例可达 10% ~25%，内河船舶较沿海运输船舶相比，节能比例更高，在节能减排方面有更大的提升空间。到 2025 年，全国内河船舶标准化率达到 83% 左右，通过船型标准化，内河船舶运输节能率可达 5%。船体防污技术。海洋生物附着在船舶底部，会增加船底表面粗糙度，使船舶的航速下降、燃油消耗量增加（最高可达到 30%）。船舶采用船体防污染技术，可降低船舶燃料消耗 5% 左右。船舶运输组织管理。根据船舶运输能源消耗统计及分析，本书依据调研数据分析，船舶载重量利用率可提高 10%，单位运输周转能耗可下降 6.5%。采用经济航速。根据中国远洋海运集团货运采用经济航速管理模式前后的船舶运输年能耗统计数据可得，航速降低 4%，船舶单位周转量能耗下降 2.4%。结合未来经济航速普及率情况推算，到 2050 年，通过降低航速船舶运输节能率可达 7.5%。

④航空运输方面推动以精细化飞行管理技术、生物质燃料为主的技术应用。

我国航油利用效率逐年提高，民航运输企业吨公里油耗逐年下降。2000—2005 年，吨公里油耗平均每年下降 1.2%，2006—2015 年，吨公里油耗平均每年下降 2.3%。由于机龄和机型方面的优势，我国民航业的燃油效率略高于美国。2015 年我国民航业吨公里油耗约为 0.28kg，与美国同年吨公里油耗水平持平。未来我国民航能源效率提升的路径主要集中在以下几个技术方面。

精细化飞行管理技术。该技术是在大量飞行数据积累与分析的基础上，对飞机及发动机性能、油耗数据、节油操纵技术等进行充分解读和掌握，在不影响飞行安全的大前提下，对飞行进行精细化管理。主要包括：航路优化、配载优化、爬升/下降剖面优化、飞行速度和高度优化、飞行中空调等系统管理优化、减少盘旋等待、进近程序优化及着陆与滑行优化等技术。未来这些技术的完善和推广将成为民航节能减排的重要内容。空

管新技术。空管新技术主要包括：缩短飞机地面滑行时间技术（滑行路线优化、停机位分配优化、飞机推出时机控制、针对多跑道机场提供优化的跑道分配、多跑道管制运行模式）、飞机航路飞行优化（4D 航迹规划优化、绕飞航路临时航路规划优化、直飞航路的动态扇区划设）以及流量管理（高直线度的航路网规划、协同决策的优化放行、高效准确的天气情况预报和飞行策略预案、气象信息同步技术）等。航空生物质燃料应用技术。随着我国航空生物燃料产业化步伐的推进，同时价格随着原料供应、生产规模的不断扩大而逐渐下降，民航企业对航空生物燃料的需求将不断增加，推动航空生物燃料的应用技术，将从根本上降低行业碳排放。新型发动机/飞机的研发应用。提升发动机/飞机的燃效水平，也是非常重要的节能手段。航空运输行动组织（Air Transport Action Group，ATAG）相关报告指出新型发动机的研制和应用将有望在现有基础上提升燃效 15% 左右。随着我国国产大飞机及新型发动机的应用，将会打破我国民航业现有机队主要由国外机型构成的局面，避免只能从机队管理运营方面进行节能减排部署的尴尬。机场能源管理系统。我国机场应逐步构建能源管理系统，该系统至少应包括以下功能：能源与资源消耗情况监测与控制、各分系统（供暖/制冷/照明/电梯等）按需求进行变频或动态控制、根据航班联动情况进行分区域控制。该系统除需进行能耗控制系统的软硬件投资，最重要的是机场需具备结合自身情况的节能减排运行规范。机场节能设计。机场节能工作应伴随于整个机场“选址→规划→设计→施工→运行→发展”全生命周期。目前在实际工作中，因机场已经投入运行，主要从运行与发展环节考虑开展节能减排工作。若从机场选址开始，对机场地理位置、历史气象情况、落成后运营情况应充分了解与预判，充分重视节能环保因素。

3. 普及清洁能源、交通减排技术贡献效果显著

根据上述分析，本书对低碳技术变革和能源转型减排路径关键因素量化参数为：未来新能源车将加快普及，轻型乘用车领域新能源车逐步成为主流，2030 年、2050 年新能源汽车（轻型车）保有量分别达到 6500 万辆、3.5 亿辆，分别占全部轻型车的 14.2%、85.5%，其中私人小汽车新能源汽车保有量分别为 6200 万辆、3.2 亿辆。2030 年、2050 年货运车辆（轻型货车、中型货车和重型货车）中新能源车保有量分别为 300 万辆、

1500 万辆，占比分别为 10%、50%。其中，氢燃料电池车于 2030 年在特定场景、特定线路中实现商业化发展，特定线路客车（城市公交、产业园区）10 万辆，长途客车 1 万辆，重型货运车辆达 10 万辆；2050 年氢燃料电池车继续快速发展，特定线路客车将达到 25 万辆，长途客车达到 15 万辆，重型货运车辆达 100 万辆。2030 年、2050 年城市轻型物流车中新能源车占比分别达到 60%、100%。2030 年、2050 年内河新能源船舶占比分别达到 15%、40%，其中纯电动船舶数量分别达到 1000 艘、1 万艘。综合测算，2030 年、2050 年相比于基准情景分别减少 CO_2 排放 6191 万 t、24308 万 t。

低碳技术与能源变革减排效果对比如图 5-9 所示。

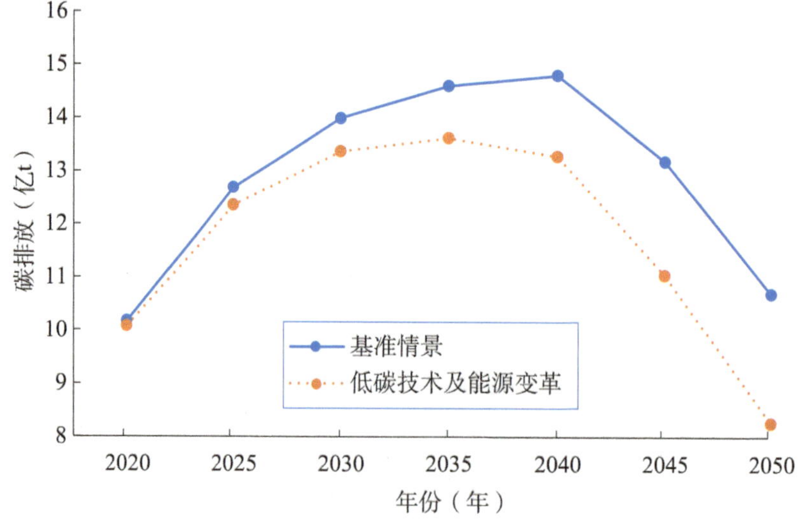

图 5-9　低碳技术与能源变革减排效果对比

四　推动智慧交通模式变革，构建高效运输模式

大力发展智能交通，加快自动驾驶等新技术、新产业、新业态、新模式研发和推广应用，推动构建高效的运输模式。

1. 强化自动驾驶为代表的新模式应用，提高交通减排效率

（1）自动驾驶在技术上不断成熟，众多企业投入研发。

目前，美国、英国、德国等在车辆自动驾驶的可行性和实用性方面都取得了突破性进展，如麻省理工学院等开始了车辆自动驾驶的可行性试验

项目，Google自动驾驶汽车已经取得美国首个自动驾驶车辆许可证。近年来，汽车辅助驾驶技术得到了较大发展，宝马公司的互联驾驶（Connected Drive）除了为驾驶员等提供汽车信息服务外，还包括了多项辅助驾驶功能，如限速信息、周边视景、尾部摄像机、停车辅助、夜视辅助、车道偏离报警、车道变换报警、碰撞报警等。在量产的车辆上已经实现的一些比较典型的辅助驾驶技术主要包括自动泊车系统主动巡航控制系统、车道保持系统、辅助视觉系统等。

新能源汽车与自动驾驶打造智能网联汽车的基础构架示意图如图5-10所示。

图5-10 新能源汽车与自动驾驶打造智能网联汽车的基础构架

（2）自动驾驶技术研发与应用的目标与路线图。

车路协同是未来智能交通系统发展的核心内容，是新一代智能交通系统的重要技术支撑。借助智能网联技术，发展车路协同系统，研究汽车安全辅助驾驶、车载导航设备、驾驶员状态识别、车辆运行安全状态监控预警、交通信息采集、车辆自组织网络等，掌握车辆运行状态辨识、高精度导航及地图匹配高可靠信息采集与交互等智能汽车核心共性技术，能够有效提升交通运行效率，缓解交通拥堵，提高交通安全水平。

按照自动驾驶分级标准，截至2019年6月，乘用车场景目前经历L2级别向L3级别过渡的阶段，大多数厂商采用激光雷达+毫米波雷达+摄像头的感知方案，采用FPGA或部分采用ASIC芯片，结合零散区域范围内高精地图进行决策控制；商用车以高速货运为主，落地可以迅速降低成本提高效率，以L4级别作为主要突破方向，多采用摄像头视觉+激光雷达的感知方案，以及GPU芯片作为计算中央，参与者众多但有量产的企业较少。

自动驾驶分级标准见表 5-5。

自动驾驶分级标准　　表 5-5

分级	名称	车辆横向和纵向运动控制	目标事件探测与响应	动态驾驶任务接管	设计运行条件
0 级	应急辅助	驾驶员	驾驶员及系统	驾驶员	有限制
1 级	部分驾驶辅助	驾驶员和系统	驾驶员及系统	驾驶员	有限制
2 级	组合驾驶辅助	系统	驾驶员及系统	驾驶员	有限制
3 级	有条件自动驾驶	系统	系统	动态驾驶任务接管用户（接管后成为驾驶员）	有限制
4 级	高度自动驾驶	系统	系统	系统	有限制
5 级	完全自动驾驶	系统	系统	系统	无限制

注：①排除商业和法规因素等限制。

②资料来源于《汽车驾驶自动化分级》（GB/T 40429—2021）。

现阶段我国在自动驾驶领域中车辆运行状态联网感知、车辆协同管控与智能驾驶服务关键技术体系还不完备；开放式移动互联车辆安全接入认证、车车与车路核心通信芯片及协议、智能车路协同集成测试与评估等基础共性关键技术的研究不足；缺乏对车路协同技术和装置进行大规系统测试认证的成套技术、系统平台和标准规范。未来我国将以发展车路协同为重点，以建设“智慧的路”为重要途径，最终实现智能交通换道超车，自动驾驶技术研发与应用的具体目标及实现路径如图 5-11 所示。

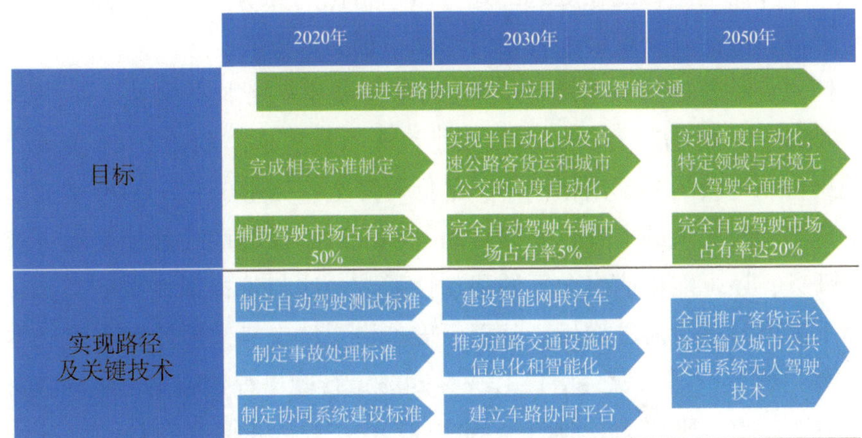

图 5-11　推进自动驾驶技术研发与应用的目标及实现路径

（3）自动驾驶将提高出行效率、促进安全性以及增加交通需求。

①自动驾驶有利于促进通行效率提升。

自动驾驶状态下道路通行能力能够提高 21.6% ~64.9%[1]，为通勤者和其他出行者节省时间，重新配备的新型车内娱乐系统还将为人们的车内生活带来更舒适的体验；自动驾驶汽车能够取代人类驾驶员来完成穿梭于各个地点之间的任务，因此不需要通过购买多辆汽车满足出行需求；相比于人类驾驶员，自动驾驶能够更好采用最佳的驾驶方式，从而能够减少能源消耗。

②自动驾驶有助于改善安全性。

根据华盛顿非营利智库机构伊诺交通中心（Eno Center for Transportation）的研究，如果美国公路上 90% 的汽车变成自动驾驶汽车，交通事故数量将从每年 600 万起降至 130 万起，死亡人数从每年 3. 3 万人降至 1. 13 万人。

③自动驾驶导致消费者行驶里程上升。

自动驾驶会使居民的出行需求上升。使用电动汽车或自动驾驶汽车后，由于出行成本降低，又不需要人工干预，人们对移动性的需求可能随

[1] 傅志寰，孙永福，翁孟勇，等. 交通强国战略研究[M]. 北京：人民交通出版社股份有限公司，2019.

之提高，这可能加剧道路拥挤，造成交通堵塞。由于大城市停车难的问题，汽车在路上运行或在更远的地方停车将比购买房产或者交高昂的停车费更经济，因此自动驾驶的普及会增加车辆的里程数。

使用自动驾驶的共享电动出租汽车每英里❶成本要比私人小汽车低30%～60%。到2025年，一辆私人小汽车每英里成本约为0.43美元。如果使用自动驾驶的共享出租汽车，最低可降至每英里0.17～0.29美元。较低的成本和使用量的提升，使得自动驾驶汽车不仅将取代其他交通方式的部分任务，还可能创造出全新的移动性需求。这与价格弹性效应类似：即价格下滑就会刺激需求增长。基于历史价格弹性走势，预计每英里成本下滑30%～60%，需求就会增长12%～24%。行驶里程数越高，电动汽车在成本方面就更具吸引力。预计，到2030年由于私人拥有的自动驾驶汽车普及，私人小汽车行驶里程将增长25%。

自动驾驶所导致成本与交通需求的变化如图5-12所示。

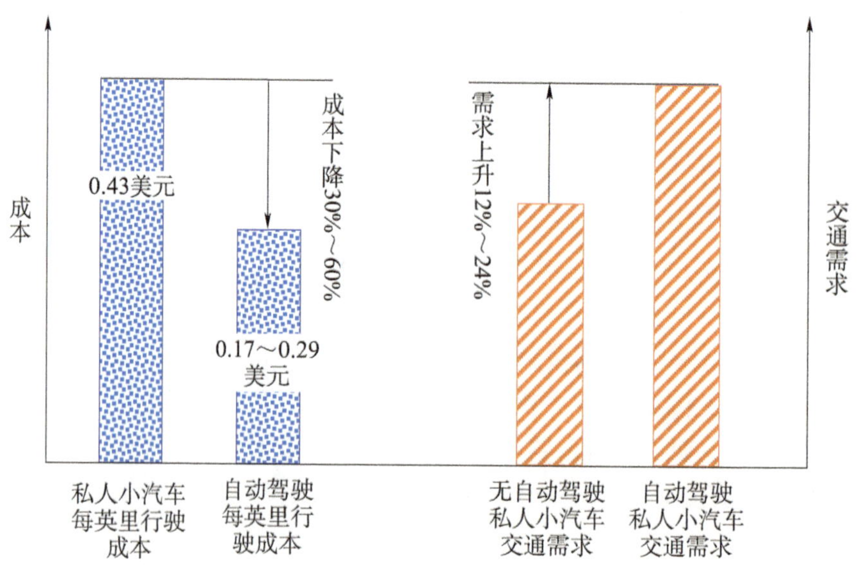

图5-12　自动驾驶所导致成本与交通需求的变化

数据来源：麦肯锡《关于未来出行方式（移动性）的全面展望》。

❶1英里＝1.61km。

（4）在公共交通、快递运输等领域率先推广自动驾驶技术。

逐步拓展自动驾驶应用场景。自动驾驶客车被认为是解决机场、旅游景区和办公园区等封闭场所“最后一公里”难题的有效方案，在未来将会是自动驾驶最早落地的应用场景。快递用车和“列队”载货汽车将是另外一个较快采用自动驾驶汽车的领域。随着全球老龄化问题的加剧，自动驾驶技术在快递等行业的应用将极大地弥补劳动力不足的问题，并且随着自动驾驶技术的成熟与市场普及程度的提高，无人配送将成为必然趋势。2030 年后，随着扩大测试规模，推动城市公交、消防车、物流车、出租汽车、智慧高速、景区无人摆渡、清扫等不同类型车辆自动驾驶技术的普及。2040 年后，进一步拓展自动驾驶应用场景，逐步实现全面自动驾驶技术的普及。

2. 智能交通、智慧物流连接用户与场景，提升出行效率

2009—2018 年，全国社会物流总费用在 GDP 中的占比由 18.1% 下降至 14.8%❶，但与发达国家物流费用占 GDP 约 10% 的比例相比还有较大差距，提高物流效率，降低物流成本成为政府、物流企业与其客户力争实现的目标。2016 年，国家发改委发布《物流业降本增效专项行动方案》，交通运输部也规划从基础设施建设等方面着手帮助促进物流业降本增效，智慧物流将迎来较快的发展。

国家大力推进“互联网 + 物流业”。自 2015 年以来，国家各级政府机构出台了鼓励物流行业向智能化、智慧化发展的政策，并积极鼓励企业进行物流模式的创新。国务院办公厅《关于深入实施“互联网 + 流通”行动计划的意见》中提出，鼓励发展分享经济新模式，激发市场主体创业创新活力，鼓励包容企业利用互联网平台优化社会闲置资源配置，扩大社会灵活就业。鼓励物流模式创新，重点发展多式联运、共同配送、无车承运人等高效现代化物流模式。商务部《2015 年流通业发展工作要点》提出，深入推进城市共同配送试点，总结推广试点地区经验，完善城市物流配送服务体系，促进物流园区分拨中心、公共配送中心、末端配送点三级配送网络合理布局，培育一批具有整合资源功能的城市配送综合信息服务平台，推广共同配送、集中配送、网订店取、自助提货柜等新型配送模式。

---

❶数据来源：中国物流与采购联合会、中商产业研究院。

加强物流信息化和数据化建设，国务院办公厅《关于推进线上线下互动加快商贸流通创新发展转型升级的意见》提出，鼓励运用互联网技术大力推进物流标准化，推进信息共享和互联互通；大力发展智慧物流，运用北斗导航、大数据、物联网等技术，构建智能化物流通道网络，建设智能化仓储体系、配送系统。

新商业模式涌现，对智慧物流提出要求。电子商务、新零售、C2M 等各种新型商业模式快速发展，同时消费者需求也从单一化、标准化向差异化、个性化转变，这些变化对物流服务提出了更高的要求。电商带动快递业从 2007 年开始连续 9 年保持 50% 左右高速增长，2018 年业务量突破 500 亿件大关。新零售兴起，企业以互联网为依托，通过运用大数据、人工智能等先进技术手段，对线上服务、线下体验以及现代物流进行深度融合，已形成了零售新模式。企业将产生如利用消费者数据合理优化库存布局，实现零库存，利用高效网络妥善解决可能产生的逆向物流等诸多智慧物流需求。C2M 兴起，由用户需求驱动生产制造，去除所有中间流通加价环节，连接设计师、制造商，为用户提供高品质、平民价格、个性且专属的商品。消费者诉求将直达制造商，个性化定制成为潮流，对物流的及时响应、定制化匹配能力提出了更高的要求。

物流运作模式革新，推动智慧物流需求提升。互联网时代下，物流行业与互联网结合，改变了物流行业原有的市场环境与业务流程，推动出现了一批新的物流模式和业态，如车货匹配、众包运力等。基础运输条件的完善以及信息化的进一步提升，激发了多式联运模式的快速发展。新的运输运作模式正在形成，与之相适应的智慧物流快速增长。

大数据、无人技术等智慧物流相关技术日趋成熟。无人机、机器人与自动化、大数据等已相对成熟，即将商用；可穿戴设备、3D 打印、无人驾驶载货汽车、人工智能等技术在未来 10 年左右逐步成熟，将广泛应用于仓储、运输、配送、末端等各物流环节。

根据中国物流与采购联合会数据，当前物流企业对智慧物流的需求主要包括物流数据、物流云、物流设备三大领域。未来智慧物流的场景如图 5-13所示。2018 年智慧物流市场规模超过 2000 亿元，预计到 2030 年，智慧物流市场规模将超过 1 万亿元。

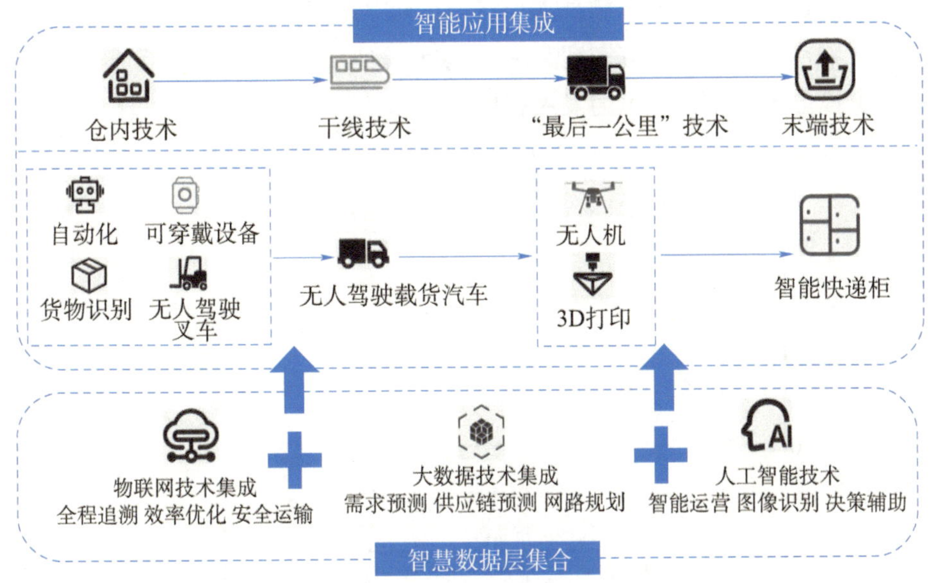

图 5-13 智慧物流技术全景图

数据来源：《中国智慧物流发展报告》(德勤中国)。

3. 智慧交通对减排贡献逐步增大，是未来减排的主要方向

本书对智慧交通模式变革路径关键因素量化参数为：到 2025 年，完成自动驾驶测试标准、事故处理标准及车路协同系统建设标准；到 2030 年，实现半自动化以及有限场景下（高速公路客货运输和城市公交）的高度自动化示范，完全自动驾驶的占有率达到 5% 以上，部分城市实现智慧物流的大范围应用；到 2050 年，实现高度自动化，客货长途运输及城市公共交通系统自动驾驶常态化推广，完全自动驾驶的占有率达到 50% 以上，全部城市均实现智慧物流的应用。到 2030 年、2050 年相比于基准情景能够分别减少 CO_2 排放 968 万 t、8596 万 t。

智慧交通应用的减排效果对比如图 5-14 所示。

五 推动交通运输效率变革，实现低碳交通治理体系和治理能力现代化

坚持把强化低碳交通治理、提升交通运输效率作为实现交通运输低碳发展的重要途径。不断统筹优化交通基础设施网络布局，强化交通需求管理，用好绿色财税、使用者付费等经济性政策杠杆，发挥市场在资源配置

中的决定性作用，合理抑制私人小汽车的过快增长和过度使用，科学引导交通运输需求；积极研究制定交通运输低碳新技术、新产业、新模式、新业态方面的支持政策，大力发展智能交通和智慧物流。

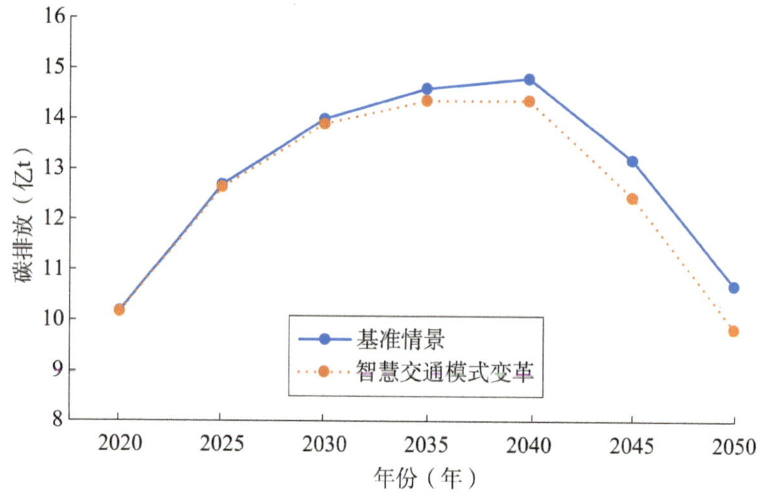

图 5-14　智慧交通应用的减排效果对比

1. 实施差别化的交通管理，减缓私人城市小汽车保有量增长

（1）私人小汽车保有量增速过快，是城市交通碳排放增加的主要原因。

私人小汽车碳排放是最主要的城市客运碳排放源，截至 2019 年 6 月，我国私人小汽车的保有量为 1.98 亿辆，汽车千人保有量为 140 辆❶。2018 年私人小汽车碳排放量占全国交通运输碳排放量的 10.8%。减少私人小汽车保有量的增长，能够有效地减少交通碳排放量。根据现阶段发展趋势，未来我国汽车保有量能达到 6 亿辆，千人汽车保有量达到 400 辆。考虑到我国现阶段面临能源安全、碳减排政策、城市拥堵、耕地面积红线等众多问题，需要颁布相关政策减缓私人小汽车保有量增长趋势，使得在 2040 年左右汽车保有量达到峰值，千人汽车保有量限制在 280 辆，总保有量控制在 4 亿辆。

（2）降低小汽车使用强度，推动低碳治理现代化。

加强交通需求管理（TDM）政策创新。实施恰当的交通需求管理政策，其主要包括如限行限购政策、差别化停车收费、智能停车管理、交通拥堵收费、错时上下班措施等，以保证城市交通运行的良好状态，进而减少碳排放。一是通过燃油税等经济手段引导小汽车的发展。通过制定合适

❶数据来源于公安部统计结果。

的燃油税率，提高燃油使用成本，可以促进消费者选择燃油经济效率高的车型以及出行行为或方式的改变，减少车用燃料消耗，降低城市交通温室气体的排放水平。二是实施差别化交通管理。研究小汽车停驶相关配套优惠措施，探索建立小汽车长时间停驶与机动车保险优惠减免相挂钩等长效制度。在供需失衡、交通压力大的区域或者路段，探索实施小汽车分区域、分时段、分路段通行管控措施，提高城市核心区小汽车使用成本，引导降低小汽车出行总量。

2. 低碳交通治理提升的减排贡献相对较小，但不可或缺

本书对交通运输治理路径关键因素量化参数为：到 2030 年，私人小汽车保有量 260 辆/千人，2050 年私人小汽车保有量 300 辆/千人。在此情况下，2030 年、2050 年相比于基准情景减少 CO_2 排放 2454 万 t、5251 万 t。

低碳治理水平提升的减排效果对比如图 5-15 所示。

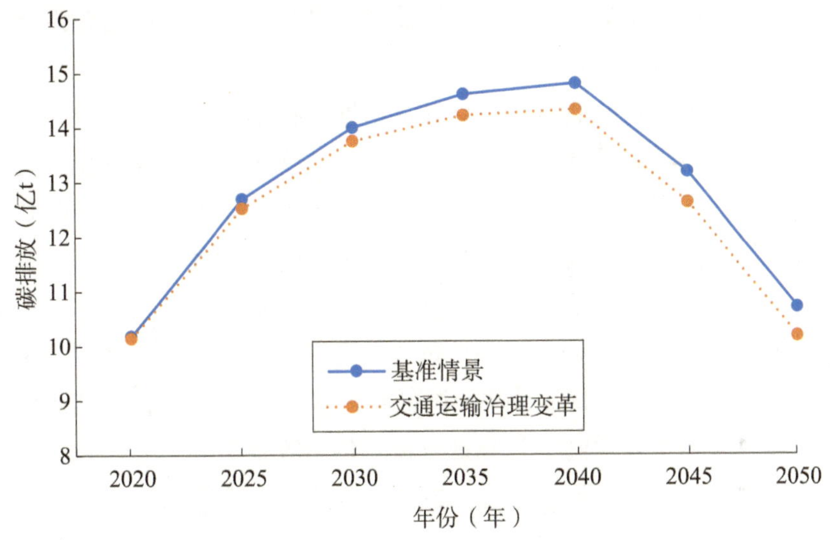

图 5-15　低碳治理水平提升的减排效果对比

第三节　行动计划

一　交通运输碳强度降低行动

一是切实增强交通运输低碳转型的紧迫感。把交通运输低碳发展理念

全面融入国家、地区和企业的行业中长期发展规划，要长期坚持把交通运输碳强度控制作为推进交通运输低碳发展的重要指标。把包括交通运输单位运输周转量/增加值碳强度等相关指标作为重要内容，纳入各级交通运输主管部门的考核评价体系。进一步把行业应对气候变化与节能低碳相关工作内容融入国家和地方各级政府和交通运输部门的规划中，成为其重要组成部分，并强化行业低排放发展相关工作的协同意识。

二是积极开展交通运输综合能效提升行动。加快提升运输装备设备的专业化、标准化和大型化水平，加快淘汰高耗能、高排放的老旧运输车辆，提升交通运输装备设备能效水平。推进载运工具轻量化，大力推广应用高效率、大推力发动机装备设备。促进多式联运装备的标准化发展，支持多式联运装备升级改造。严格执行船舶强制报废制度，加快淘汰高耗能、高排放的老旧运输船舶。大力发展甩挂运输、多式联运等高效运输组织方式，推动绿色货运发展，发展智能交通系统，提升交通运输系统运行效率，促进行业节能降碳。

三是加快推进物流业转型升级和提质增效行动。加快物流业从追求规模速度增长向质量效益增长转变，加快货运规模化发展和连锁化经营，推进物流业转型升级。发展精益物流、共同配送等多样化专业化城际货运服务体系，加快构建物流园区、配送中心、末端网点三级配送网络，推进现代化物流网络建设。积极完善航空物流网络，提升航空货运效率，积极发展无人机（车）物流递送、城市地下物流配送等。落实减税降费政策，优化物流组织模式，提高物流效率，降低物流成本。加强智慧物流基础设施建设，加快发展“互联网+”高效物流，创新智慧物流营运模式，积极建设多层次物流公共信息服务平台，提高物流效率，降低物流成本，培育发展新动能，推动行业提质增效。

二 运输结构调整战略行动

一是积极推进大宗货物的“公转铁”行动。加快推进港口集疏运铁路、物流园区及大型工矿企业铁路专用线等“公转铁”重点项目建设，持续推进煤炭、矿石等大宗货物及中长距离货物运输向铁路有序转移。到2025年，沿海及内河港口的大宗散货港区和主要集装箱港区基本全部接入集疏港铁路，煤炭、焦炭、石油等大宗货物采用铁路、管道、管廊等绿色运输方式的比例达到75%以上。

二是积极开展内河航运振兴行动。加快畅通重要航段和运输通道，补齐内河航运短板，提升内河航运干支联动能力。大力推广应用集装化运输装备，推进内河运输船舶、江海直达船舶标准化。统筹江海直达和江海联运发展，积极推进干散货、集装箱江海直达运输。推进长三角、珠三角等港口群加强合作，提高水水中转比例。大力发展多式联运、江海直达运输、甩挂运输、滚装运输、水水中转等高效运输组织方式。

三 绿色出行消费全民行动

一是深入实施“公交+”优先发展战略。积极推进公交都市建设示范创建工程，加强城市交通拥堵综合治理，优先发展城市公共交通。鼓励引导绿色公交出行，加快建设方便、快捷的城市轨道交通体系和安全、连续的慢行交通体系，合理引导个体机动化出行。大力发展共享交通，发展“自动驾驶+共享汽车”“共享单车”等模式，打造基于移动智能终端技术的服务系统，实现出行即服务。2035年前基本建成“以人为本、便捷舒适、集约低碳”的绿色出行体系。

二是积极构建完善的绿色出行客运服务体系。大力发展绿色低碳出行方式，推进出行服务快速化、便捷化，加快构建以高速铁路和城际铁路为主体的大容量快速城际客运系统，推进城市群交通一体化，提高城市群内轨道交通通勤化水平，推广城际道路客运公交化运行模式，打造旅客联程运输系统。建设高品质步行和自行车系统，构建起步区慢行交通体系。

三是积极开展全民绿色出行宣传教育活动。开展面向政府、企业等社会单元的绿色出行常态化教育和培训，建立健全绿色生活宣传和展示平台，利用行业媒体等各类渠道和“全国低碳日”等宣传活动，开展以生活方式绿色化为主题的沉浸式、互动式教育。建设行业节约型机关，充分发挥行业公共机构的节能低碳示范引领作用。

四 新能源汽车推广行动

加快推进新能源汽车的电动化、智能化和共享化应用。

一是加快促进交通能源动力系统的电动化和高效化，大力推进新能源车辆推广应用。积极推进新增和更新的城市公共交通、出租汽车、城市物流配送车辆，以及大气污染防治重点区域的港口和物流园区采用新能源运输装备。加快研究电动货车、氢燃料电池重型载货汽车在货运中的应用，促进公路货运节能减排。继续支持发展和推广智能充电桩。

二是加快推进新能源汽车的智能化应用，积极推动无人驾驶技术在城市公交、消防车、物流车、出租汽车、智慧高速公路、景区无人摆渡、清扫等不同类型车辆上的应用。

三是加快推进新能源汽车的共享化应用，积极推进新能源汽车的分时租赁、网约车、综合出行服务等商业模式发展，满足未来个性化出行需求。

五 低碳交通科技创新行动

一是加快提升低碳交通技术研发能力。集中优势资源，在国家重点研发计划等科研专项中设置绿色低碳交通相关研究课题，着力突破制约交通运输低碳发展的相关技术瓶颈。瞄准科技前沿，强化基础研究，重点围绕基础设施、载运工具、运输组织等方面的科技攻关，协同推进先进轨道、大气和水污染防治、水资源高效开发利用等重点专项及高科技船舶科研项目的实施。

二是加快推进低碳交通成果转化与推广。编制交通运输行业重点节能低碳技术目录，加快节能、环保、生态、先进适用技术、产品的推广和应用，加大BIM应用技术、车牌识别技术、新一代快速支付系统、快速安检系统、新型智慧物流汽车等技术在绿色交通与绿色出行领域的应用。积极推进绿色交通科技成果市场化、产业化、大力推进绿色低碳循环交通技术、产品、工艺的标准、计量检测、认证体系建设。

三是加快完善低碳交通的科技创新机制。建立健全绿色交通科技投入机制，逐步形成以政府为引导、企业为主体、社会和中介机构积极参与的交通科技投入体系。建立以企业为主体、产学研用深度融合的低碳交通技术创新机制，鼓励交通行业各类低碳交通创新主体建立创新联盟，建立低碳交通关键核心技术攻关机制。建立低碳交通关键技术与产品推广应用的信息沟通和共享平台、鼓励性政策和管理机制。建设一批具有国际影响力的低碳交通实验室、行业研发中心、试验基地、技术创新中心等创新平台，加大资源开放共享力度，优化科研资金投入机制。

四是大力发展智慧交通。推动大数据、互联网、人工智能、区块链、超

级计算等新技术与交通行业深度融合。推进数据资源赋能交通发展，加速交通基础设施网、运输服务网、能源网与信息网络融合发展，构建泛在先进的交通信息基础设施。构建综合交通大数据中心体系，深化交通公共服务和电子政务发展。大力推进北斗卫星导航系统在交通运输领域的应用。

六 低碳交通示范引领行动

一是强化低碳交通试点示范顶层设计。交通运输低碳发展是一项复杂的系统工程，既需要统筹谋划，更需各级地方政府、各专业领域层面的全面参与和实践。要按照“强化体系、突出特色、统筹推进、条块结合”的原则，开展低碳交通区域性、主题性试点示范，强化顶层设计，加强宏观指导，精心组织实施，坚持循序渐进，积极研究探索，按步骤、分时序、分批次精心组织开展不同类型、不同层次的试点示范工作，认真总结好、提炼好、宣传好相关经验做法，形成一批可复制、可推广的模式，充分发挥其对全行业低碳发展的引领带动作用。

二是大力推进低碳交通示范区域示范。积极组织开展以绿色交通省（自治区、直辖市）、城市（群）、区（县）、乡镇等为主的区域性绿色交通示范重大工程，加强交通运输节能降碳新技术在绿色交通与绿色出行领域的应用。鼓励低碳交通区域示范的省（自治区、直辖市）和城市（群），在全国率先提出交通运输行业达峰时间和零碳排放行动计划，制订面向未来的行业零碳行动路线图，尽早实现零碳排放目标。

三是注重打造低碳交通示范企业。继续推进低碳交通企业示范，密切配合国家企业节能低碳专项行动，深入开展交通运输行业低碳交通运输企业示范行动。鼓励企业主动强化低碳交通技术创新与应用，提升企业主动加快温室气体减排的意识，鼓励低碳交通示范企业自愿加入近零排放行动计划。

四是着力建设绿色交通示范工程。积极推进绿色铁路、绿色公路、绿色港口、绿色航道、绿色机场、绿色场站、绿色枢纽等重大示范工程建设，以绿色交通示范项目为支撑，积极推进铁路、公路、港口、航道、机场、场站、枢纽等基础设施建设和运营领域在低碳交通关键技术与产品推广、智慧交通等方面的交通科技创新发展。

七 低碳交通能力提升行动

一是建立健全低碳交通战略法规标准体系。完善低碳交通战略规划体系，加快推进综合交通运输体系与规划建设，注重低碳发展的顶层设计，加快研究制订低碳交通与综合交通和智慧交通有机结合、相互促进的中国绿色交通中长期发展规划。健全低碳交通制度标准，推进低碳交通标准化建设，加快低碳交通标准体系制修订的落实，着力推进低碳交通建设地方标准编制工作，通过健全低碳交通法规标准，建立低碳交通生产、消费的法律制度和政策导向。加快完善低碳交通监督管理体系，健全低碳交通管理体制机制，完善低碳交通统计及考核评价体系，建立低碳交通考核评价指标体系，鼓励重点省份或区域先行开展低碳交通考核评价试点。

二是积极推进交通碳排放统计监测考核体系建设。继续完善交通运输能耗统计监测制度，稳步推进铁路、民航、公路客货运、城市客运、沿海和内河船舶、港口等能耗在线监测工作及数据库平台建设，加强交通运输碳排放统计核算平台和监测网络建设，建立标准统一的行业能耗及碳排放统计数据库。积极建立完善交通运输低碳发展指标体系、考核办法、奖惩机制。

三是积极推进碳交易、绿色金融等市场机制在交通领域的应用。积极探索和制定市场调节政策，设置合理的鼓励和引导政策，通过财税激励、市场行为等手段大力推广新能源汽车；积极推进交通运输领域碳交易、绿色金融等市场机制应用，加快制定交通运输行业参与碳交易的技术路线，明确交通运输行业参与碳交易的主体范围、时间节点、准入退出门槛等；积极研究并制定适用于我国交通运输行业的碳配额分配方法。

四是积极完善低碳交通发展经济激励政策。加强低碳交通财税等政策研究与储备，研究完善促进低碳交通发展的财税、金融、土地、贸易、保险、投资、价格、科技创新等激励政策；加大低碳交通运输资金投入力度，鼓励地方政府研究建立符合地方实际的经费投入、鼓励政策和机制，逐步形成以国家和地方政府资金为引导、企业资金为主体的良性投入机制，拓宽交通运输节能减排融资渠道，研究建立绿色交通产业基金。

第六章

交通运输低碳发展战略保障措施

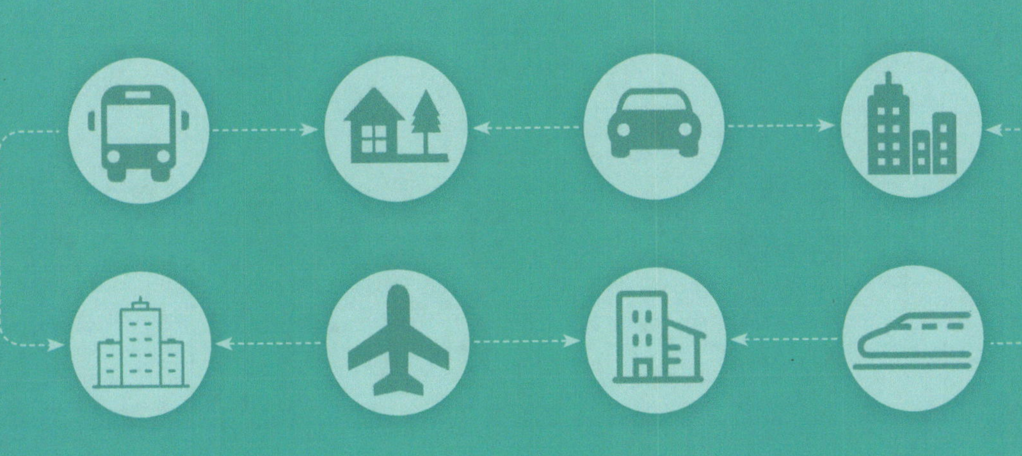

为保障交通运输低碳发展战略目标与重点落到实处、顺利实现，有必要研究提出切实管用的战略保障体系和配套政策措施。本章主要从强化战略协同、组织领导、低碳文化、人才保障、合作交流等方面研究提出保障措施和政策建议。

第一节 强化战略协同

一是在国家战略层面，强化战略协同。应对气候变化、低碳转型发展已经提升为国家战略，统筹国际国内两个大局，加强与交通强国建设、“一带一路”建设、长江经济带建设、粤港澳大湾区建设、黄河流域生态环境保护和高质量发展，以及可持续发展战略、创新驱动发展战略、区域协调发展战略、乡村振兴战略等其他国家重大战略的主动对接，统筹推进美丽中国、健康中国与法治中国建设，实现战略协同。

二是在绿色低碳层面，强化协同减排。统筹协调推进绿色、循环、低碳发展的有机统一，低碳发展的生态文明建设，特别是注重推动绿色革命与低碳转型、智能经济与数字经济、科技革命与能源革命的同频共振，切实强化碳减排与大气污染减排之间的协同效应。由污染防治攻坚战倒逼经济发展方式转变，助推绿色低碳发展和应对气候变化，逐步实现空气污染驱动型发展模式向气候治理推动型、低碳引领型发展模式转变。

三是在交通行业层面，强化协同发力。统筹推进综合交通、智慧交通、绿色交通、平安交通“四个交通”建设的协调发展，注重强化“安全、便捷、高效、绿色、经济”现代化交通体系中五大价值取向之间的协同发力、均衡发展，合力推进电动化、智能化、共享化的相互促进、融合发展。

四是在组织实施层面，强化协同合作。强化中央与地方之间的分工协作、上下联动，加强不同部门之间的协同合作、左右互动，充分发挥政策叠加效应，充分发挥市场配置资源的决定性作用，更好发挥政府作用，充分发挥企业主体作用，广泛调动社会公众参与，形成共商共建、共治共享、合力推进的良好格局。

第二节 加强组织领导

一是加强统筹领导。充分发挥国家应对气候变化及节能减排工作领导小组的统筹领导和组织协调作用，进一步强化交通运输部应对气候变化及节能减排工作领导小组的职责定位，完善交通运输部及其部管国家局、部内有关司局等之间的协调联动机制。各级交通运输主管部门要高度重视，把交通运输低碳发展摆在更加突出的位置，制订本区域低碳交通发展规划，明确责任分工和任务措施，统筹安排工作进度，各司其职、各负其责，确保工作落实到位。加强与发展改革、生态环境、自然资源、科技、工业和信息化、外交等有关部门的沟通，积极探索部门联动机制，协同推进低碳交通有关工作。

二是落实目标责任。积极会同相关部门健全工作机制，建立低碳交通发展的任务落实情况督导和第三方评价机制。强化规划实施的任务分解，结合规划目标提出行动方案。进一步完善责任明确、协调有序、监管有力的低碳交通发展工作体系。进一步强化交通运输碳排放统计、评估、考核和激励机制，探索将低碳交通发展绩效纳入各级交通运输主管部门的年度工作考核体系。

三是强化智力支持。积极争取国家应对气候变化专家委员会、清华大学等国家高端智库对交通运输低碳发展工作的关心指导和支持帮助。成立交通运输行业应对气候变化与绿色低碳发展专家委员会，负责为智库重大战略规划、重大公共政策、重要研究成果、重大选题等提供咨询意见，邀请国内外顶级专家学者和政府部门领导担任委员，充分发挥其专业指导作用。进一步引导和加强交通运输部部长政策咨询委员、专家学术委员会、交通运输新型智库联盟等部设专家平台、高端智囊机构对交通运输低碳发展的关注程度和咨政建言作用。

第三节 培育低碳文化

一是强化低碳交通发展理念。在交通运输规划、建设、运行中充分考虑绿色低碳发展需求，结合绿色低碳交通运输建设成果，探索建设一批交流推广科普展示平台，推动绿色低碳交通文化传播。推动行业低碳发展与文化建设有机融合，丰富绿色交通文化内涵，将其融入行业核心价值体系加以推广和弘扬。

二是加强低碳交通宣传教育。继续深入开展形式多样的节能低碳宣传、培训、交流与实践活动，组织“节能宣传周”“全国低碳日”等活动，周期性开展低碳交通发展经验交流活动，利用行业报刊、网站等媒体宣传国家和交通运输行业应对气候变化与绿色低碳发展的方针政策和法律法规，充分发挥舆论引导和监督作用。完善公众参与机制，倡导绿色出行，培育低碳交通文化。

第四节 强化人才保障

一是加强低碳交通人才发展的顶层设计。紧紧围绕《交通强国建设纲要》提出的“人才队伍精良专业、创新奉献”总要求，把低碳交通人才队伍建设作为交通运输“十四五”绿色发展、人才发展等规划制订的重要内容，以能力建设为核心，加快培养造就数量充足、素质优良、具有国际视野的低碳交通专业技术人才和管理人才队伍。着力打造具有专业主义精神和过硬专业素质能力的低碳交通人才队伍。全面贯彻落实中央关于深化人才体制机制改革的相关要求，结合交通运输行业实际，不断深化人才发展体制机制改革，建立健全有利于低碳交通人才成长的引进、培养、使用、评价和激励机制，着力营造有利于低碳交通人才成长的发展环境。

二是加强低碳交通科技创新人才队伍建设。以创新能力建设为核心，以“高精尖缺”为重点，培养造就一批高水平的低碳交通科技创新人才和创新团队，为推动交通运输应对气候变化和绿色低碳发展提供强有力的人才支撑。加大对可持续交通、运输经济、交通运输规划与管理、应对气候变化、能源环境经济等相关专业复合型人才的培养力度。在高等教育领域，加强低碳交通相关专业学科建设，加快教学内容的现代化步伐，加强多学科知识和新技术运用的教学，加强复合型低碳交通领域人才的培养。加强交通运输主管部门、交通运输企业、科研机构与高等院校的协同合作，优化课程设计与师资配置，培养和造就一支理论基础扎实、专业知识复合、实践经验丰富、熟悉行业实际、管理能力较强的低碳交通专业人才队伍。

三是加强低碳交通国际化人才培养。把低碳交通与应对气候变化专业人才作为国际交通组织后备人才培养和输送的重点之一，制订国际化人才定向培养计划，建立国际交通组织后备人才库，从科研机构、企事业单位、社团组织等多元化渠道选拔推荐政治过硬、业务能力强、综合素质高、外语基础好的低碳交通专门人才入库。组织开展专业化培训、国际合作交流等，培养造就一批具有国际视野的低碳交通人才，帮助其制订任职目标、工作计划等，保持和加强与目标组织的联系，积极参加目标组织活动和项目，获得必要工作经历，争取在后备期限内实现任职目标。

第五节 加强合作交流

一是加强国内低碳交通合作交流。继续加强与发展改革、生态环境、自然资源、工业和信息化、科技等主管部门和地方政府的合作，加强国内相关政府机构、高等院校、研究咨询机构、交通运输企业等的交流合作，积极打造政产学研用一体化的低碳交通技术、产业或智库联盟，构建各方共同参与的低碳交通合作网络。建设行业协会社团分支机构，加强与中国公路学会、中国航海学会、中国交通运输协会、中国工程咨询协会、中国物流与采购联合会、中国物流学会、中国道路运输协会、中国交通企业管理协会、中国港口协会等学会和协会的合作，推动分支机构建设，密切与交通运输企业的联系。搭建低碳交通发展经验和技术推广的交流平台，促进先进技术推广和经验交流，协同推进低碳交通发展。

二是加强国外低碳交通交流合作。围绕中心、服务大局，深入开展各项多边交流合作，着力提升低碳交通领域的国际合作层次和质量，不断加强重大国际交流合作平台与机制建设。继续利用多双边渠道，加强与国际组织、国外政府机构、企业、研究咨询机构等的低碳交通交流合作，积极吸收借鉴国际先进经验。加强对外传播和国际话语体系建设，积极参与国际运输论坛（ITF）、世界交通运输大会（WTC）、美国交通研究委员会（TRB）年会、世界道路协会（PIARC）、联合国可持续交通大会等国际会议，敢于和善于对外发声，积极主动有效发声。着力打造世界交通运输大会、中国交通发展论坛、低碳交通国际论坛等品牌论坛，积极回应国际社会关切，讲好中国交通故事，传播好中国交通声音，宣传中国交通经验，推广中国交通模式，推动全球气候治理体系建设，不断扩大国际影响，提升中国交通软实力。

三是积极推进低碳交通技术国际合作。着力推进低碳交通“国际拓展计划”，大力创新国际交流合作机制，深入拓展国际交流合作空间，全面提升国际交流合作水平，提高利用全球人才资源、汇聚全球智慧和能力。坚持“请进来”与“走出去”相结合，通过项目合作、学术研讨、人员往来等多种方式，深化中外低碳交通交流。积极与国际非政府组织、知名大学、研究机构等建立机制化合作关系，探索建立双向交流、互派人员的机制，积极拓展国际合作网络。积极推动中国低碳交通基础设施建设和装备技术标准国际化，主动参与并引领国际低碳交通相关规则及标准的制定，提升国际话语权和影响力。大力支持和鼓励引导中国低碳交通技术与产品“走出去”。

四是积极参与全球应对气候变化谈判。积极参与联合国气候变化框架公约（UNFCCC）和国际海事组织（IMO）及其他国际框架下应对气候变化谈判力度，积极参与海运业、航空业减排全球治理，深度参与全球交通气候治理研究和政策对话，加快推动 IMO 海运温室气体减排战略和措施的制定。积极参与国际学术组织和国际科学计划，提出中国交通倡议和中国交通方案，提升参与重大国际交通议题设置、国际规则制定、国际协商谈判的能力和水平。选派优秀智库人才到有关交通国际组织任职，扩大中国在国际交通事务中的话语权和影响力。

参考文献

[1] 国家统计局. 中国统计年鉴 2018[M]. 北京:中国统计出版社,2018.

[2] 欧阳斌,凤振华,等. 低碳交通运输规划方法与实证[M]. 北京:人民交通出版社股份有限公司,2017.

[3] 李忠奎,郭杰,欧阳斌,等. 中国交通低碳发展战略研究[M]. 北京:人民出版社,2015.

[4] 陆化普. 绿色智能一体化交通[J]. 中国公路,2018,523(15):27-29.

[5] 陆化普. 智能交通系统主要技术的发展[J]. 科技导报,2019,37(06):27-35.

[6] He K,Huo H,Zhang Q,et al. Oil consumption and CO_2 emissions in China's road transport:current status,future trends,and policy implications[J]. Energy Policy,2005,33(12):1499-1507.

[7] 宿凤鸣. 低碳交通的概念和实现途径[J]. 综合运输,2010,(05):13-17.

[8] 傅志寰,孙永福,翁孟勇,等. 交通强国战略研究[M]. 北京:人民交通出版社股份有限公司,2019.

[9] 陆化普. 城市绿色交通的实现途径[J]. 城市交通,2009,7(06):23-27.

[10] Peng T,Ou X,Yuan Z,et al. Development and application of China provincial road transport energy demand and GHG emissions analysis model[J]. Applied Energy,2018,222:313-328.

[11] Chen Fei,Zhu Dajian,Xu Wei. The Model of Urban Low-Carbon Transportation Development, Status Quo and Target Strategy——Taking Shanghai Empirical Analysis as an Example[J]. Urban Planning Journal,2009,(6):40-46.

[12] Ou X,Yan X,Zhang X. Life-cycle energy consumption and greenhouse gas emissions for electricity generation and supply in China[J]. Applied Energy,2011,88(1):289-297.

[13] Hong Huo,Michael Wang,Larry Johnson,Dongquan He,Wang M,Johnson L,et al. Projection of Chinese Motor Vehicle Growth,Oil Demand,and CO

Emissions Through 2050[J]. Transportation Research Record Journal of the Transportation Research Board.

[14] Huo H, He K, Wang M, et al. Vehicle technologies, fuel-economy policies, and fuel-consumption rates of Chinese vehicles[J]. Energy Policy, 2012, 43(none):30-36.

[15] Hao H, Wang H, Yi R. Hybrid modeling of China's vehicle ownership and projection through 2050[J]. Energy, 2011, 36(2):1351-1361.

[16] 刘冬飞."绿色交通"一种可持续发展的交通理念[J].现代城市研究, 2003(01):60-63.

[17] 白雁,魏庆朝,邱青云.基于绿色交通的城市交通发展探讨[J].北京交通大学学报(社会科学版),2006(02):10-14.

[18] Yang Y, Wang C, Liu W, et al. Microsimulation of low carbon urban transport policies in Beijing[J]. Energy Policy, 2017, 107:561-572.

[19] Mittal S, Dai H, Shukla P R. Low carbon urban transport scenarios for China and India: A comparative assessment [J]. Transportation Research Part D: Transport and Environment, 2016, 44:266-276.